Mitologia e

C000256050

Antichi dei, dee, divinità e a
leggende e miti dell'Egitto

Dai lettori di Storia Attiva

Introduzione

Vi piace conoscere le antiche civiltà?

La mitologia egizia è una delle più antiche e affascinanti del mondo. È pieno di storie di dei e dee, eroi e cattivi, amore e avventura. Questo libro offre una panoramica completa di tutti i principali dei e dee, nonché di figure meno conosciute della religione e della mitologia egizia. Include anche racconti storici che forniscono approfondimenti sulla cultura e sulle credenze degli antichi egizi.

Gli Egizi consideravano la religione e il mito come un tutt'uno e quindi i loro dei e le loro dee erano presenti in entrambi. Le storie raccontate su queste divinità non erano un semplice intrattenimento, ma erano parte integrante della religione e del pensiero egiziano.

Attraverso la loro mitologia, gli Egizi spiegavano i fenomeni naturali, come l'inondazione annuale del Nilo, e fornivano indicazioni su come vivere armoniosamente nella società. Gli dei e le dee rappresentavano diversi aspetti della natura umana e i loro racconti offrono una visione dei valori e delle credenze dell'antica cultura egizia.

In questo libro scoprirete la storia della creazione dell'universo, le avventure di Osiride e Iside, l'ira di Set e molti altri emozionanti racconti dell'antico Egitto. Con una scrittura accattivante, questo libro vi trasporterà indietro nel tempo in un mondo di dei e dee.

Indice dei contenuti

Mitologia egizia

La mitologia egizia è la raccolta di storie sugli dèi così come erano venerati nell'antico Egitto. Questa mitologia è spesso particolarmente confusa perché è stata creata e sviluppata nel corso di circa quattro millenni, con ogni città dell'Egitto che aveva le proprie idee su come funzionava il mondo degli dei. Molto materiale mitologico è precedente all'unificazione dell'antico Egitto. A causa di queste differenze tra le città, possiamo anche incontrare versioni diverse. Ad esempio, sia Hathor che Iside potrebbero essere state la madre di Horus. Per gli Egizi questo non era un vero problema, poiché la loro religione non era racchiusa in dogmi.

Netjer

In effetti, gli antichi Egizi non conoscevano un dio trascendente, ma uno immanente. Il divino è sempre e ovunque compresente. Ogni forza naturale, soprannaturale, legge o aspetto del cosmo non solo veniva nominato, ma anche designato con una propria rappresentazione visiva. Per penetrare in qualche modo il loro significato, è importante riconoscerne alcune regole caratteristiche (vedi "Immagini").

Ad esempio, i netjer (come venivano chiamate le "divinità", poi designate dai greci con la parola θέος, theos) non erano originariamente raffigurati, poiché si riteneva che qualsiasi raffigurazione avrebbe distolto l'attenzione dalla loro vera natura. Solo dopo un po' di tempo hanno accettato di utilizzare comunque qualche rappresentazione per questo, una misura che alla fine ha portato all'eccesso visivo che caratterizza le rappresentazioni mitologiche egizie.

Immagini

Nell'immagine si possono riconoscere alcune leggi che possono portare a una migliore comprensione del significato. Ad esempio, già in epoca predinastica, un netjer veniva spesso indicato con un animale totem. Questo potrebbe variare a seconda della località. Il Sobek dell'aldilà, ad esempio, potrebbe essere raffigurato come un coccodrillo, o altrove assumere la forma di un leone. Ben presto si scelse un'immagine antropomorfa, ma la testa fu rappresentata come quella di un animale totem, oppure un altro simbolo speciale fu posto sopra l'immagine. Questi simboli o corone potrebbero essere sempre più composti da simboli della stessa divinità provenienti da luoghi diversi. Le corone egizie composite ne sono un esempio. A volte questi segni venivano integrati con corna di

6

ariete o di toro, con un ureo singolo o doppio, con parti di piante e piume, ecc. Inoltre, ci sono le varie posture, come il gesto protettivo o benedicente, il prendere per mano per farsi guidare, il sedersi su un trono come segno di potere (o raffigurare un trono sopra la testa come nel caso di Iside). Inoltre, si scopre un'intera gamma di attributi, come diversi tipi di scettri e aste, ognuno dei quali denota un diverso tipo di potere, come ad esempio:

- il medustok, che sta per diritto di parola, "avere voce in capitolo",
- il tenebroso, che indica il dominio sull'eternità o per l'eternità,
- il renpit, una vena di foglia di palma dentellata che rappresenta una certa validità temporale,
- il segno dell'ancora, che caratterizza la presenza in un'altra dimensione, quella dell'aldilà.

Per sfumare e spiegare ulteriormente le immagini, di solito vengono aggiunti dei geroglifici. Anche questi sono inizialmente ideogrammi (rappresentazioni visive di idee), trasformati solo successivamente in fonogrammi. A volte entrambe le forme appaiono contemporaneamente mescolate nelle descrizioni dei miti, rappresentando i movimenti e le connessioni associate alle immagini, di solito in forma di rilievo e anche policrome.

L'abbigliamento degli dei corrisponde alla moda del 2800 a.C.. Il loro abbigliamento non si è evoluto con la moda perché erano fuori dal nostro tempo umano.

Le statue di culto erano solitamente realizzate in oro. Poiché questo materiale è immutabile nel tempo, ciò indicava anche che gli dèi sono al di fuori del nostro ciclo temporale, cioè in un ciclo "un milione di volte" più grande. A causa della preziosità del materiale, poche statue di culto sono sopravvissute; la maggior parte è stata rifusa dopo essere stata saccheggiata.

Il mondo degli dei degli Egizi era composto da decine di divinità, ciascuna con i propri punti di riferimento, come la corona di Ateph di Osiride e l'Oca sulla testa di Geb. Anche i simboli che tengono in mano indicano la loro posizione e il loro potere.

Altre forme di punti di riferimento comprendevano l'assimilazione con gli animali. Il dio veniva poi raffigurato come un animale (di solito nel primo periodo) o come una forma ibrida, come una forma umana irriconoscibile combinata con quella di un animale. Un esempio è Thoth, che aveva il volto di un Ibis in un corpo umano. Questa scelta non è stata arbitraria; dopo tutto, gli Egizi guardavano molto alla natura e possono quindi essere considerati una religione della natura. Ad esempio, la dea Toëris era raffigurata come un ippopotamo. L'ippopotamo rappresenta il pericolo ed è protettivo nei confronti dei suoi figli. Si trattava quindi di una dea della gravidanza che proteggeva le donne incinte. Molte altre divinità esistevano come falchi, perché i falchi sono spesso in cielo e quindi erano venerati come divinità del cielo, come Ra e Sokaris.

Poiché la storia egizia è lunga molti millenni, alcune divinità hanno assunto sembianze diverse nel corso del tempo. Alcune divinità erano inizialmente venerate solo come simboli (Min, Chons e Neith). In seguito, sono stati dotati di corpi o raffigurati come animali. Alcune divinità furono assimilate da divinità successive più conosciute; ad esempio, Osiride adottò i simboli di Chentiamenoe e Anhur. Hathor e Iside sono state paragonate in tempi successivi in modo tale che solo dal testo si poteva capire se si trattava di Iside o di Hathor.

Classificando gli dei secondo i nostri termini, possiamo dividerli in:

- divinità umane (divinità maschili, femminili e infantili);
- divinità animali, che a loro volta si possono suddividere in mammiferi (mucche, gatti, ippopotami, cani, pecore e simili), rettili, pesci, anfibi e insetti.

Esistevano anche numerose divinità citate esclusivamente nei libri (libri dei morti, libri delle porte, testi delle piramidi) e demoni che non erano venerati ma apparivano nei murales.

Miti

Gli Egizi avevano pochi miti rispetto alla mitologia greca o romana. Le loro storie variavano molto da città a città, e la maggior parte dei miti raccontava la creazione del mondo. Inoltre, gli dèi non erano umani: avevano un numero molto limitato di tratti caratteriali e difficilmente presentavano sfumature. Di norma, i contatti tra gli dei e i mortali erano praticamente inesistenti. Si poteva arrivare a loro solo attraverso il faraone, il *nefer neter*, l'unica "divinità umana". Alcuni miti noti dell'Antico Egitto:

- Storie di creazione egiziane
- Distruzione dell'umanità da parte di Hathor
- La battaglia tra Horus e Seth

- Chnoem e i sette anni di magra
- Ra e Iside
- Iside e i sette scorpioni

Complessità

La mitologia egizia è una delle più impenetrabili e complicate mai conosciute dall'umanità. Le cause sono:

1. il vasto arco temporale di quasi quattro millenni in cui si colloca la civiltà dell'Antico Egitto;
2. l'ampia diffusione geografica in cui di fatto si sono sviluppate simultaneamente diverse mitologie che poi sono confluite; e
3. la mancanza di una lingua scritta all'epoca in cui gli ideogrammi e le rappresentazioni visive erano generalmente utilizzati per rappresentare idee e concetti filosofici e mitologici astratti.

Questi fattori hanno portato a una raccolta apparentemente confusa di raffigurazioni di divinità, in cui alcuni dettagli sono facilmente trascurati o non compresi. Inoltre, spesso esistono versioni multiple sia delle divinità che dei miti. Ciò è dovuto principalmente ai luoghi in cui hanno avuto origine o dove la competizione tra le divinità e le storie locali ha portato a uno status quo. Importanti centri storici in questo senso sono state le scuole di Memphis, Hermopolis Magna, Elefantina (Tebe) ed Eliopoli, ognuna con la propria storia della creazione egizia. Oltre a questi, esistevano centri più piccoli, come Panopolis (*Achmin*), dove venivano tramandate divinità proprie o combinazioni di divinità e miti.

È accaduto regolarmente che gli stessi egiziani non riuscissero più a vedere il legno per gli alberi; allo stesso modo, nel corso della sua lunga storia, una serie di "sistematizzazioni" sono state imposte e attuate dall'alto:

1. Sistematizzazione del mondo degli dèi durante l'Antico Regno: tutti gli dèi che compaiono in tempi successivi sono già presenti in quest'epoca; sono collegati in gerarchie. Nascono importanti scuole (Memphis, Eliopoli e altri luoghi di culto). Anche l'Ogdoade di Ermopoli, che definiva le quattro coppie di divinità primordiali, sarebbe stata riformulata qui. Si dice che le sue origini risalgano all'epoca predinastica.
2. Ingresso di Amon nel Medio Regno: il sistema gerarchico dell'Antico Regno rimase intatto, tranne che per alcune divinità, ma a capo di questo pantheon apparve un nuovo "algod" la cui origine

non era chiara: Amon, (che in seguito si sarebbe fuso con Re per formare Amon-Ra).

3. Le divinità del regno e il dio sole nel Nuovo Regno: tutti gli dei furono coinvolti nel culto del sole, persino l'antico dio coccodrillo Sobek ebbe caratteristiche solari. Amon si affermò come dio principale esclusivo, soppiantando Re, il cui potere creativo era stato usurpato da Atum. Le apparenze cambiarono, prevalse la rappresentazione degli dei come animali. Seguì il culmine teologico sotto Akhenaton, durante il quale l'Aton del periodo di Amarna fu separato da Amon e le tradizionali divinità della creazione furono abolite. Aton (letteralmente *disco solare*) divenne la presenza fisica del dio supremo.

4. Sistematizzazione da parte dei Tolomei: un'immagine del dio mutuata dalla tradizione egizia intorno a Osiride-Apis doveva conciliare la mitologia con le rappresentazioni ellenistiche. Horus, Osiride, Iside e Anubi hanno assunto un aspetto ellenistico o sono stati completamente trasformati in quella forma e hanno assunto nomi greci. Amon divenne Zeus, Horus Apollo, Hathor divenne Afrodite. Lo stesso è accaduto ai principali luoghi di culto: Apollinopolis, Diospolis e Aphroditopolis.

Influenze politiche

Nell'antico Egitto, l'importanza delle divinità dipendeva spesso dall'importanza del loro centro culturale. All'inizio (I e II dinastia), il dio Horus era molto importante ed era associato al re. Intorno all'Antico Regno, ci fu un passaggio da Horus a Ra.

Nel primo periodo intermedio, il dio Sobek assunse un'importanza fondamentale, in quanto il Fayum divenne politicamente importante. Dopo il Medio Regno, Tebe e il pantheon tebano vennero alla ribalta sotto forma di Montoe e Amon. Nel Nuovo Regno, le fusioni tra diverse divinità divennero più comuni e l'Impero egizio fu anche più aperto alle influenze straniere. Così, anche divinità straniere entrarono nel pantheon egizio (ad esempio Astarte). Anche l'influenza del sovrano poteva essere decisiva: si pensi al culto di Aten sotto Akhenaton o all'introduzione di Serapide in epoca tolemaica. Infine, il periodo greco-romano vide la grecizzazione degli antichi dei. Le antiche divinità egizie sono state paragonate a quelle greche e romane.

Raggruppamento

Oltre agli dei "comuni" che venivano adorati, c'erano anche altre divinità. Possono essere classificati in gruppi, ovvero:

- I 42 giudici della camera della verità
- I demoni
- Il libro degli dei della caverna
- Libro delle Porte
- Gruppi (Dyade, Triade, Ogdoade e Enneade)
- Casa degli Dei
- Divinità provinciali o del Nome (Nomos e Nomarch)
- Divinità stellari
- Gli dei delle ore del giorno e della notte
- Anime di Nechen e Pe
- Figli di Horus

I miti della creazione dell'antico Egitto

In Egitto esistono diversi **racconti della creazione**. Ogni grande centro religioso aveva il suo mito. Questi si concentravano sul dio "locale" e lo presentavano come il creatore dell'universo. Probabilmente alcuni miti saranno più diffusi di altri, ma non possiamo dire quale sia stato il più importante.

Storia della creazione di Memphis

Questo mito è conservato nella *Pietra di Shabaka*, una lastra di granito nero realizzata dal re Shabaka nella 25ª dinastia egiziana, oggi conservata al British Museum. Il dio Ptah, che era al centro di Memphis, aveva creato se stesso e aveva creato tutto concependolo nel suo cuore e poi parlandolo ad alta voce. In Egitto si pensava che il cuore fosse il luogo della coscienza e parlare dimostrava la fiducia nei poteri magici che le parole potevano avere. Ha creato prima gli dei e poi i templi. Gli dèi potevano vivere lì e Ptah costruiva statue di legno, argilla e pietra come corpi per i loro ka. In questo vediamo la convinzione che un'immagine potesse conservare un'anima (si pensi ad esempio alle statue ka). Poi Dio creò gli uomini e gli animali chiamandoli per nome.

Storia della creazione di Hermopolis Magna

Hermopolis Magna si trovava nell'Egitto centrale ed era il centro di culto del dio Thot, che veniva onorato insieme a un'unità posteriore, l'Ogdoade di Hermopolis. La storia della creazione si basa sui fenomeni della natura, come dimostra il seguente racconto:

All'inizio non esisteva nulla, c'erano le tenebre e le acque primordiali. In esse vivevano le quattro coppie di divinità primordiali, i cui maschi sono talvolta rappresentati come rane e le femmine come serpenti.

- Acque primordiali (Noen e Naunet),
- Potere aereo o nascosto (Amon e Amaunet),
- Tenebre (Kek e Keket) e
- Senza fine (Heh e Hehet)

Le rane formarono un'eruzione ad alta energia e l'inizio della creazione. Una collina primordiale, Benbenv (Isola della Fiamma), emerse dall'oceano primordiale Noen e su di essa il dio Thot pose un uovo; l'uovo si aprì e il sole ne uscì come un'oca e si alzò in cielo.Gli Egizi avevano osservato la natura con molta attenzione. Ogni volta che il Nilo esondava, sorgevano isolotti sui quali iniziava la prima vita sotto forma di rane o altri animali.

Secondo un'altra versione, il dio creatore apparve da un grande fiore di loto che galleggiava sull'acqua.

Storia della creazione di Elefantina

La città di Elefantina, situata nell'attuale Assuan, era il centro di culto di Chnoem. Il mito della creazione si trova nelle pareti del tempio di Esnain nell'Alto Egitto: il dio Chnoem creò tutti gli uomini e gli animali dall'argilla. Li ha realizzati sul suo tornio. Attraverso le ossa dell'uomo ha fatto scorrere il sangue e ha messo una pelle sul corpo. Poi ha applicato i polmoni, l'apparato digerente, le vertebre e gli organi riproduttivi. Poi ha fatto in modo che l'uomo potesse riprodursi.

Storia della creazione di Eliopoli

La storia della creazione di Eliopoli appare su un papiro di epoca tarda, tra una serie di incantesimi dello spirito maligno Apophis, il serpente. Il papiro fu ricevuto in dono da Rhind dalle mani del console britannico a Luxor nel 1861 (o un anno dopo). Mustafa Aghs aveva ottenuto il documento dal deposito di mummie reali a Deir-el-Bahari. Esistono anche numerosi riferimenti alla storia nei testi piramidali di Unas.

Ci sono diverse somiglianze con Proverbi 8:22 e seguenti.

All'inizio c'era solo il Signore degli Estremi, Neb-er-Djer, che abitava in un universo informe, l'oceano primordiale Ora. In questo universo, tutte le cose successive erano già presenti in principio, ma erano ancora in uno stato di impotenza. Neb-er-Djer cominciò a desiderare di cambiare questa situazione e quindi assunse la forma del creatore, Kheperi, pronunciando questo nome. Il nome Kheperi si scrive con il geroglifico dello scarabeo e questo scarabeo era quindi sacro. Dopo tutto, si riferiva all'unico creatore. A differenza delle religioni monoteiste successive, Kheperi non era un dio che interferiva molto con le sue creature. Ha lasciato questo compito agli dei che ha creato in seguito.

La prima cosa che Kheperi creò fu un terreno solido sotto i suoi piedi. Lo fece a On (Eliopoli), sempre portando l'Ordine (Maät) nei suoi pensieri (nel suo cuore) e pronunciando una parola. Poi ebbe comunione con il proprio

13

pugno e così creò Shu e Tefnut, il dio dell'aria secca (gas, atmosfera) e la dea del principio umido (liquido). Così, la prima trinità era una realtà.

Shu e Tefnut ebbero rapporti sessuali e i loro figli furono Geb, il dio della terra, e Nut, la dea del cielo. Finché era buio, Nut giaceva tra le braccia di Geb e così nacque la successiva generazione di dèi: Osiride, Seth, Iside e Nefti. Prima ancora di nascere, Osiride e Iside erano marito e moglie e così nacque anche il loro figlio Horus (anche se, secondo altri miti, ciò avvenne molto più tardi). Seth e Nefti (secondo un'altra storia) ebbero anche un figlio, il dio sciacallo Inpu (Anubi).

A Osiride, Kheperi concesse un dono speciale. Era di sostanza uguale al bisnonno e quindi il creatore incarnato. (In seguito, sarebbe risorto dai morti e sarebbe diventato il salvatore dell'umanità).

L'occhio di Kheperi è il sole Ra, ma un disastro ha spento la luce del sole. Pertanto, Kheperi creò un secondo occhio, la luna, e le diede potere su piante, alberi e raccolti.

Infine, l'umanità è sorta dalle lacrime versate da Kheperi ed è quindi la discendenza diretta dei creatori, i figli di Dio, non un prodotto della terra.

Benben

Nella mitologia egizia (in particolare nella tradizione di Eliopoli), il **Benben** era la montagna che sorgeva dall'oceano primordiale Noen e dove si stabilì il dio creatore Atum. Nei testi piramidali, Atum stesso è indicato come "montagna". Si dice che si sia trasformato in una piccola piramide a Eliopoli (chiamata *Annoe* dagli antichi egizi), che ospitava Atum.

La pietra di Benben, che prende il nome da questo evento mitico, era una pietra sacra nel tempio dell'antica Eliopoli. Si trovava lì, nel punto in cui i raggi del sole erano caduti per la prima volta su di essa. Si ritiene che questa pietra sia stata il prototipo dei successivi obelischi e anche delle chiavi di volta delle grandi piramidi, che si basavano su questo disegno. Le sommità (*pyramidion*) erano probabilmente dorate o ricoperte da una lega di argento e oro (*Elektrum*).

A Eliopoli si venerava l'uccello Benu, la fenice secondo Erodoto, e si sosteneva che questo uccello vivesse sul Benben, o nel salice sacro, l'albero della vita.

Altri luoghi importanti avevano la loro versione della montagna mondiale. A Memphis era Tatenen, il dio della terra, che era l'origine di *tutte le cose sotto forma di cibo e offerte divine e di tutte le cose buone* come personificazione della prima montagna.

Questo simboleggia il "gonfiarsi dal nulla".

Aaru

Aaloe o **Jaroe** o **Iaroe** era un paradiso nell'Antico Egitto.

La strada per Aaloe

Nel regno dei morti, il defunto doveva eseguire una serie di prove come incantesimi o racconti. Se la persona morta era sopravvissuta a tutto questo, doveva dichiarare davanti ai 42 giudici di aver vissuto bene la propria vita. Il cuore veniva pesato dal dio Thoth. Se l'anima aveva lo stesso peso della piuma della dea Maät, l'accesso ai campi di Aaloe era garantito.

Nei campi di Aaloe

Aaloe era il regno del dio del sole Ra in Oriente; altre fonti riportano che era il regno del dio Osiride. È stata descritta come un'isola al di là dell'oceano del mondo e ai piedi della volta celeste. È rappresentata come una grande terra attraverso la quale scorre l'acqua.

Qualsiasi defunto, re o popolano, doveva lavorare la terra e poteva essere alla pari con gli dei. I re e i nobili ricevevano gli shabti, statuette magiche di defunti con attrezzi agricoli che avrebbero lavorato la terra per loro.

Duat

Secondo la mitologia egizia, la **Doeat** è il mondo sotterraneo o il regno dei morti, il luogo in cui si va quando si muore. Il Doeat è scritto in geroglifico come un cerchio con una stella al suo interno. Il sovrano del Doeat è il dio Osiride. Fu la prima mummia, secondo il mito di Osiride.

Osiride è il sovrano del Doeat. Risiede in un palazzo a ovest, attraverso il quale i morti dovevano passare per primi. È il capo della giustizia, assistito da 42 aiutanti. Ad ogni passaggio si trovano i servitori di Osiride con teste di animali che testano i morti, come descritto nel Libro egizio dei morti *Amdoeat*.

Allo scoccare della 6a e 7a ora, i morti arrivano al trono di Osiride. Qui il suo cuore viene soppesato dalla Piuma della Verità di Maät, la dea dell'ordine cosmico. Se il defunto ha vissuto una buona vita, il cuore si alleggerisce e gli viene concesso di entrare nel Campo Jaru, l'aldilà egiziano. Tuttavia, se il cuore è più pesante a causa di tutti i peccati, il cuore e la persona morta vengono mangiati da un mostro, il "Mangiamorte" Ammoet o Amemet. Ammoet ha la testa di un coccodrillo, le zampe anteriori di un leone e l'addome di un ippopotamo.

Isfet

Isfet o **Asfet** (che significa: "ingiustizia", "caos", "violenza"; (verbo) "fare il male") è un termine dell'Antico Egitto che proviene dalla mitologia egizia ed è utilizzato nella filosofia, che si basava su un dualismo religioso, sociale e politico.

Principi e ideologia

Si pensava che *Isfet* fosse la controparte del termine *Ma'at* (che significa "ordine (del mondo)", "armonia"). Secondo le credenze dell'Antico Egitto, Isfet e Ma'at costruivano un dualismo complementare e anche paradossale: uno non poteva esistere senza l'altro. Isfet e Ma'at si sono mantenuti in equilibrio. Ma'at ha dovuto superare isfet, "ciò che è difficile", "cattivo", "difficile", "disarmonico", "preoccupante". L'Isfet doveva essere superato dal bene, sostituendo l'unità con l'unità e il disordine con l'ordine. Un re egiziano (faraone) fu votato a "realizzare" Ma'at, che significava preservare e proteggere la giustizia e l'armonia distruggendo Isfet. Una regalità responsabile significava che l'Egitto sarebbe rimasto prospero e in pace con Ma'at. Ma se l'Isfet rialzasse la testa, l'umanità decadrebbe e tornerebbe a uno stato primitivo. La decadenza era inaccettabile come corso naturale degli eventi, il che significava che il mondo era separato dal cosmo e lontano dall'ordine. L'universo era ciclico, cioè aveva sequenze che si ripetevano: l'alba e il tramonto quotidiani, le stagioni annuali e le inondazioni del Nilo. D'altra parte, quando Ma'at era assente e l'isfet veniva liberato, la piena del Nilo veniva meno e il Paese sprofondava nella carestia. Pertanto, gli antichi Egizi credevano che, attraverso i loro rituali di ordine cosmico, portassero prosperità agli dei e alle dee che controllavano il cosmo. I principi di contraddizione tra Isfet e Ma'at sono stati illustrati in una storia popolare del Medio Regno intitolata "il lamento del beduino":

> *Chi distrugge la falsità promuove il Ma'at,*
>
> *Chi promuove il bene annulla il male,*
>
> *come la sazietà scaccia la fame,*
>
> *gli abiti coprono gli ignudi,*
>
> *come se il cielo fosse sereno dopo una violenta tempesta,*

Agli occhi degli Egizi, il mondo era sempre ambiguo; si pensava che le azioni e i giudizi di un re semplificassero questi principi per preservare Ma'at, separando l'ordine dal caos o il bene dal male. Il testo 335a del

Sarcofago afferma che è necessario che i morti siano purificati da Isfet per poter rinascere nella Duat.

Si pensa che l'Isfet sia il prodotto del libero arbitrio di un individuo piuttosto che uno stato primitivo di caos. Nella mitologia, ciò è rappresentato da Apep, nato relativamente tardi dal cordone ombelicale di Ra.

Si credeva che la rappresentazione fisica di Isfet si presentasse sotto forma del dio Seth.

Il ruolo del re

Ogni volta che il re si presentava in pubblico, era circondato da immagini di stranieri che sottolineavano il suo ruolo di protettore di Ma'at e di nemico di Isfet, che erano i nemici stranieri dell'Antico Egitto. In questa veste, il re viene per lo più raffigurato mentre "colpisce" gli stranieri per preservare Ma'at.

Il re manteneva anche il culto del tempio per prevenire la diffusione di Isfet, assicurandosi che i culti fossero eseguiti a determinati intervalli, necessari per mantenere l'equilibrio di Ma'at contro le forze minacciose di Isfet.

Ogdoad

L'Ogdoade di Hermopolis (Hermopolis Magna) è un gruppo di otto divinità primordiali dell'antico Egitto.

Queste divinità rappresentavano aspetti del cosmo originario. La maggior parte dei testi superstiti sull'ogdoad ci arriva dal periodo tolemaico. Il nome egizio di Ermopoli era *Chemnoe* (letteralmente "*Otto città*"). Questo nome si incontra a partire dalla V dinastia e senza dubbio risale a molto prima. Questo dà un'idea dell'età di questo mito.

Natura e funzione degli dei primordiali

Secondo la visione ermopolitana, le otto divinità primordiali esistevano in quattro coppie di due, ciascuna con un rappresentante maschile e uno femminile. Ogni coppia è stata associata a un aspetto o elemento specifico prima della creazione. Contenevano il potenziale per la creazione dell'universo. Pertanto, queste divinità primordiali erano anche chiamate "padri e madri" del dio Sole.

Varianti delle quattro coppie di divinità primordiali

Si possono distinguere le seguenti quattro coppie:

- Acque primordiali (Noen e Naoenet),
- Potere aereo o nascosto (Amon e Amaunet),
- Tenebre (Kek e Keket) e
- Senza fine (Heh e Hehet)

I testi delle piramidi menzionano gli Otto Dei con Tem:

- Naoe e Naoenet
- Amen e Ament
- Tem con Roeroe e Roeroeti (leone e dio leone)
- Shu e Tefnoet

Secondo le indicazioni del tempio di Kargah:

- Noen e Naoenet,
- Hehoe e Hehoet,
- Kekoeit e

- Gerh e Gerhet

I sacerdoti di Hermopolis sostenevano i seguenti dogmi:

1. Thoth era lo spirito, l'intelligenza e la capacità di ragionamento del dio autocreato. Era spirito e anima dell'Oceano Primordiale. Egli era luce e vita e ha donato la vita all'uomo.
2. Quattro dei e quattro dee assistettero Thoth nel suo governo di Noenoe. Questi erano Nennoe e Noenet, Hoeh e Hoehet, Koek e Koeket, Amen e Ament.
3. Queste divinità crearono la collina di Hermopolis, sulla quale si trovava il Dio Sole.
4. Questi dei crearono il Sole e lo aiutarono a prendere il suo posto a Eliopoli.
5. Questi otto dei erano le divinità più antiche dell'Egitto; erano i padri e le madri del Sole.

Con queste tesi si opponevano diametralmente agli insegnamenti dei sacerdoti di Eliopoli. La teologia di Thoth era di alto livello spirituale.

Le nove divinità della creazione degli Egizi sono molto simili alle divinità della creazione della mitologia sumera. Questo non significa necessariamente che uno abbia adottato la visione dell'altro, ma che potrebbe esserci stata una fonte comune molto più antica alla base di entrambe le visioni.

Il principale luogo di culto delle otto divinità primordiali nell'antichità si trovava a Hermopolis, poco a ovest di Tebe, in un piccolo tempio vicino a Medinet Habu.

Iconografia

Anche le quattro divinità primordiali maschili dell'"ogdoah" erano rappresentate con la testa di rana o come una rana, mentre le quattro femminili sono raffigurate con la testa di serpente o come un serpente. Inoltre, tutte le otto divinità primordiali erano spesso rappresentate in connessione con un babbuino che portava il sole nascente. Questa associazione con i babbuini deriva probabilmente dalle profondità dell'Africa, dove poco prima dell'alba questi animali emettono un canto caratteristico. In seguito, emerse anche il dio babbuino Hapi, che fu contemporaneamente associato al sorgere del Nilo, al sorgere della nuova stagione fertile.

Il ruolo di Amon

Amon divenne gradualmente sempre più importante nel culto di queste divinità primordiali. Si è evoluto nel dio del sole Amon-Ra. In seguito, il faraone Akhenaton rinunciò a tutti gli dei ed emerse il culto di Aton, il disco solare. Per la prima volta nella storia dell'Egitto si poteva parlare di monoteismo. Ciò provocò grandi rivolte da parte dei sacerdoti e del popolo. Dopo questo regno, il cosiddetto periodo di Amarna, Tutankhamon ripristinò il culto al dio Amon. Questo è scritto nella "stele di restauro di Tutankhamon".

Divinità maschili

Anhur

Onoeris (in egiziano Anhoer) era un dio dell'antico Egitto.

Mitologia

Il dio Onoeris era un dio della guerra e della caccia. Proveniva da Thinis e il suo culto risale al primo periodo dinastico o thiniano. Il suo nome significa "colui che porta coloro che abitano lontano" ed è legato al mito secondo cui il dio si recò in Nubia per riportare l'Occhio di Ra che divenne sua moglie: Mechit. Onoeris assomiglia a Shu nella versione eliopolitana dell'"Occhio di Ra". Onuris fu anche associato a Horus e in epoca tolemaica fu identificato con il dio Ares.

Il culto

Il centro di culto si trovava originariamente a Thinis, vicino ad Abydos. Questa si spostò in tempi successivi sul delta nella città di Sebennytos, identificandola con Shu nella forma Onoeris-shu.

Immagine

Onoeris è raffigurato come un dio in piedi, con barba e quattro pennacchi sulla testa. Nella mano destra ha una lancia che tiene sollevata, mentre nella mano sinistra tiene una corda sulla quale trasporta la leonessa. Come abbigliamento, il dio indossa un lungo abito decorato con motivi di piume.

Amon

Si scrive anche Amun, Amen, Ammon, Aman o Hammon.

Dio del soffio vitale che anima tutte le creature viventi e dello spirito che permea ogni oggetto inanimato.

I Greci, che lo chiamavano Ammone, identificavano Amon-Re con il loro dio principale, Zeus, ed equiparavano il flagello di Min-Amon alla folgore di Zeus. I Romani portarono questa identificazione alla loro divinità principale, Giove.

Amon (talvolta chiamato anche **Hammon**, **Ammon**, **Amen**) era un dio importante nell'antichità. Era venerato soprattutto dagli antichi Egizi. Tebe era la principale città egizia in cui veniva venerato Amon. Siwa era l'oasi principale dove Amon era venerato anche dai Berberi. I sacerdoti di Amon costituivano una potente élite nell'antico Egitto.

Nome

Il significato esatto del suo nome *I-m-n* (Aman(oe), Amun, Amon, Ammon) è sconosciuto. Esiste sia un verbo arcaico *imn* "creare, far nascere" (senza determinativo) sia un verbo comune imn "nascondere, essere nascosto" (con o senza determinativo). Sebbene in tempi successivi si verifichino molti giochi di parole con il significato di "nascondere" nei testi che riportano il suo nome, il nome Amon non viene mai scritto con il determinativo di "nascondere". Più probabile, quindi, è una radice che significa "Creatore (dio)", che si adatta bene anche a un dio primordiale.

Plutarco cita nella sua opera alcune parole di Manetone che indicano che Amon significa "Ciò che è nascosto" o "celato".

Ruolo nella mitologia

Amon ebbe inizialmente un ruolo limitato come dio primordiale (e forse già rappresentato sotto forma di oca del Nilo come dio creatore) insieme alla sua controparte o consorte Amaunet, secondo i Testi delle Piramidi dell'Antico Regno (in gran parte compilati dai sacerdoti di Eliopoli e Memphis) e i Testi dei Sarcofagi del Medio Regno. Per questo motivo, il suo santuario doveva essere tradizionalmente situato a Eliopoli, forse prima a Dasjoer o a Saqqara, vicino a Memphis. Questo legame con il nord si riflette anche nella corona rossa che Amaunet indossa sempre secondo la sua iconografia.

Almeno a partire dalla X dinastia, tuttavia, il suo santuario principale si trovava a Tebe. A lui sono stati dedicati sia l'oca del Nilo (in origine una veste di un dio creatore indipendente chiamato "Grande Gaker") sia una specie meridionale di ariete (*Ovis platyra*) con corna rivolte verso l'interno (per la forma si confronti: "ammonite"!). Sua moglie a Tebe era la dea Moet e il loro figlio era Chons e insieme formavano una Triade. Questo era venerato anche nel nord.

Le statue di Amon, Moet e Chons venivano trasportate dal tempio di Karnak a Luxor con la festa di Opet.

Aspetto

Amon è solitamente raffigurato nei rilievi dei templi in forma antropomorfa e come un sovrano che indossa una doppia corona con alte piume. Il colore blu che talvolta indossa rimanda certamente all'"aria" e al "vento", ma non è certo questo l'elemento naturale in cui il dio si fonde completamente come "nascosto". I testi più antichi non lo dimostrano. Così, può anche manifestarsi alla luce del sole, nell'acqua e sull'acqua. Da tutti questi ricordi conservati, una cosa è certa: Amon era un antico dio primordiale.

Il dio è raffigurato sia in posizione eretta che seduta. Nella forma di Amon-min, il dio è raffigurato con i piedi affiancati e un braccio alzato. Davanti al dio si trova solitamente un faraone, una regina, un nobile o un funzionario.

La storia

Con la ripresa nazionale dopo il primo periodo intermedio, molte cose cambiarono per il culto di Amon. L'XI e la XII dinastia, fondatrici del Medio Regno, provenivano da Tebe e sostenevano i sacerdoti di Amon. Amon divenne così una divinità importante e il centro spirituale del Paese si spostò da Eliopoli alla parte meridionale di Tebe. Tuttavia questo non portò a una frattura religiosa perché Ra, il dio del sole che era diventato la divinità nazionale nell'Antico Regno, era facilmente assimilabile ad Amon. Amon-Ra divenne così la divinità principale dell'Egitto e, soprattutto nel periodo di massimo splendore del Nuovo Regno, i sacerdoti di Amon-Ra divennero sempre più potenti. Ci si aspettava che il re - ad esempio, grazie ai tributi raccolti dai possedimenti stranieri - fornisse sempre più risorse finanziarie alla burocrazia sacerdotale. Così il potere sacerdotale divenne uno Stato nello Stato. Akhenaton cercò di porre fine a tutto questo con un colpo di mano, bandendo il culto di Amon, ma la sua eresia non durò a lungo. Dopo l'epoca dei successivi Ramessidi, l'Alto Egitto fu di fatto governato dal sommo sacerdote di Amon e dall'*Adoratrice del Dio*, moglie del dio in terra. A questo punto il culto si era diffuso anche più a sud, in Nubia, dove ebbe origine anche la forma di ariete di Amon.

Dopo che, all'epoca della XXII dinastia berbera, il culto di Amon cadde un po' in declino, furono i Cushiti a riportare Amon al suo pieno splendore durante la XXV dinastia.

In epoca greca e romana, il culto di Amon era ancora particolarmente potente: Amon era equiparato a Zeus o Giove, anche se i culti di Osiride, Iside e Serapide richiedevano maggiore attenzione. Il culto di Amon ebbe fine quando, sotto Teodosio I, il cristianesimo divenne religione di Stato.

Amon tra gli antichi Berberi

Secondo H. Basset, Amon era il dio più importante per i Berberi. Inoltre, René Basset ha notato che i Guanci continuarono a usare il nome *Amman*; lo associarono al signore e al dio e lo collegarono al nome del sole nella loro lingua. Secondo Mohamed Chafik, il nome Amon o Ammon ha una forma berbera, ma il suo significato non è chiaro. Inoltre, alcuni esperti ipotizzano l'esistenza di una civiltà comune tra i Berberi e gli Antichi Egizi in un'epoca pre-sahariana.

Siwa era la principale oasi dove Amon era venerato dai Berberi. I Greci chiamavano gli abitanti di Siwa gli Ammoni (Ammonioi). Da qui deriva la parola *ammoniaca*, il sale delle famose sorgenti di Siwa.

Amon era mescolato con l'antico dio egizio Ra. Ciò è dovuto al trasferimento del governo a Tebe, dove Amon era il dio locale. Così fu creato il dio Amon-Ra. Lo stesso fecero i Cartaginesi con il loro dio centrale Baal, che si mescolò con il dio principale dei Berberi, Amon; così fu creato il dio Baal-Amon, chiamato anche Baal-Hammon. Come i Cartaginesi, i Greci mescolarono il loro dio supremo Zeus con Amon per formare il dio Zeus-Amon, mentre i Romani lo mescolarono con il loro dio supremo Giove; da qui nacque il dio Giove-Amon.

È da notare che i greci distinguevano tra l'Amon dell'Antico Egitto e l'Amon dei Berberi/Siwi. Quando Alessandro Magno volle conquistare l'Egitto, su consiglio dei suoi consiglieri, attraversò il deserto per seicento chilometri fino a Siwa per chiedere la benedizione di Amon.

Amunet

Amaunet era la controparte femminile di Amon. Il ruolo di Amaunet insieme ad Amon era inizialmente venerato a Tebe, ma nella XVII-XVIII dinastia Amaunet divenne meno popolare come controparte e la triade (trinità) di Amon-Ra (Amen-Ra), Moet (Mut) e Chons (Chonsoe, Khons o Khonsu) divenne popolare fino alla dominazione cristiana.

Anche Amaunet apparteneva all'Ogdoade di Hermopolis.

Aton

Si scrive anche Aten.

L'Aton è il disco del sole

Aton o **Aten** è un dio del sole egiziano. Il dio è conosciuto soprattutto nel periodo di Amarna, quando Amenhotep IV (poi Akhenaton) elevò Aten a dio principale dell'Egitto.

Aton prima del periodo di Amarna

La parola "Aton" è nota fin dal Medio Regno per indicare il disco solare. Il termine è stato utilizzato nei testi dei sarcofagi. Nel Racconto di Sinoehe, la parola "Aton" è la designazione del dio.

Nella metà del Nuovo Regno, il dio è spesso attestato. Thutmoses IV dedica uno scarabeo ad Aton. A quel tempo si faceva talvolta riferimento ad Aton, ma come divinità non rappresentava molto. Sotto Amenhotep III, padre di Akhenaton, la situazione cambiò e Aton fu venerato anche come aspetto del dio Sole.

Aton nel periodo di Amarna

Con l'ascesa al trono di Amenhotep IV (il successivo Akhenaton), il dio ricevette per la prima volta titoli regali sotto forma di introduzione, due cartigli come quelli dei faraoni. La forma più antica dei titoli di Aton includeva anche le divinità Horachte e Shu. A partire dal suo nono anno di regno, il dio ricevette un nome di re modificato dal quale furono rimossi

29

tutti gli altri dei. I nomi delle divinità erano costantemente scritti accanto o sotto l'immagine del disco solare.

Akhenaton fece chiudere i templi delle altre divinità e costruì ad Amarna la sua nuova capitale Achetaton (orizzonte di Aton). Era l'unico sacerdote del dio e quindi attirava su di sé tutto il potere. I suoi sforzi per stabilire una religione monoteista con Aton o Aten come unica divinità sono noti anche come *atenismo* o *atonismo*.

Dopo qualche anno, la sua riforma fallì completamente e l'Egitto tornò alle vecchie abitudini. In seguito, non si è più sentito parlare di Aton. Al tempo di Horemheb, le tracce dell'epoca di Amarna furono radicalmente cancellate. I templi furono riutilizzati sotto i Ramessidi.

Immagine

Esistono due tipi di immagini di Aton.

- Prima dell'inizio del periodo di Amarna, con il regno di Akhenaton, il dio Aton era raffigurato come un falco con un disco solare, simile al dio Re e a Re-Horachte.
- Alla fine del regno di Amenhotep III, l'immagine del dio fu radicalmente modificata in un disco solare con un ureo. Il disco solare ha raggi con mani, alcuni raggi terminano con il segno Anch, ma solo per la famiglia reale.

Il culto

Il dio era venerato a Eliopoli sotto Amenhotep III.

Sotto Amenhotep IV, a Tebe sorse un tempio di Aton. Nel quinto anno di regno Amenhotep IV cambiò il suo nome in Akhenaton. Spostò la capitale a Tell el-Amarna. Vi fece costruire due templi:

- Il grande tempio di Aton
- Il piccolo tempio di Aton

Esistevano templi di Aton anche a Memphis, a Sesebi (Nubia) e presumibilmente altrove nell'impero di Akhenaton.

Atum

Chiamato anche Atem, Atmu, Tem o Temu.

Una divinità solare predinastica è associata alla sera o al sole che tramonta.

Nella mitologia egizia, **Atum** o *Atum* è il dio creatore del mondo anteriore autocreato e l'antenato di tutti gli altri dei e dei faraoni. È chiamato "l'Unico" (che si stabilì sul *Benben*, la montagna che sorse dall'oceano primordiale Noen). Inoltre, svolge ancora un ruolo nel culto del sole nel Nuovo Regno, ma è soprattutto un dio molto antico, forse predinastico. Nell'Antico Egitto, *Atum* significa *essere*, *tutto* (*colui che è completo*) o *il nulla* (*colui che non esiste*). Atum è spesso equiparato al dio del sole Ra.

Mitologia

Atum era il grande dio importante di Eliopoli. Il suo culto era molto antico e all'epoca dell'Antico Regno era la forza creatrice. Era la più importante delle otto o nove divinità più frequentemente menzionate nei Testi delle Piramidi: l'*Enneade* (le nove). Di conseguenza, abbiamo una grande quantità di informazioni su questo dio nella mitologia e sul suo carattere. Il suo tratto principale è il dio creatore ma anche l'*autocreatore*. Egli venne "come un'anguilla" dalle acque primordiali di Noen (o Nun), creò la terra come una "collina primordiale" che sorgeva dalle acque e creò gli dei dal suo pensiero. Per creare, questo "uno" ha dovuto dividersi. Secondo un certo mito, la prima coppia di dèi fu creata soffiando Shu (*aria secca trasportabile* e *luce*), starnutendo, tossendo Tefnut (*umidità* e *calore*) o dal suo "sperma per masturbazione" (poiché Atum era solo quando creò).

Ma Atoem aveva anche altri aspetti:

- *Il Signore Onnipresente*: tutto ciò che esisteva proveniva dalla carne di Atum e ogni individuo proveniva dal *Ka del* dio. Il faraone, secondo i testi piramidali, si sarebbe unito ad Atum (aspetto poi associato a Osiride).
- *Creatore*: secondo l'enneade eliopolitana, Atum fu creato nel caos di Noen e creò se stesso. È il creatore e il distruttore. Il Libro dei Morti *(Amdoeat)* dice che alla fine del mondo distruggerà tutto.
- *Padre degli dei e faraone*: come dio creatore, era padre di una serie di divinità. Il faraone era associato a Horus, e quindi Atum era anche padre del faraone.

Il culto

Atum era il dio principale venerato a Eliopoli, anche se a volte veniva messo in ombra da Ra. Il dio è spesso chiamato *signore di Eliopoli e,* anche dopo l'ascesa di Ra, rimase influente. I centri di culto di Atum si trovano non solo nel nord, ma anche nel resto del Paese. Si conoscono relativamente poche immagini di Atum. La maggior parte compare sugli amuleti.

Immagine

Atum viene talvolta raffigurato come un'anguilla, un pesce che vive in acque torbide e fangose ma che può anche strisciare sulla terraferma. Come anguilla, egli creò la prima terra, sorgendo come una "collina primordiale" dalle "acque primordiali". Ma in genere Atum è raffigurato in forma umana, come un uomo con una doppia corona *(psjent)* seduto su un trono. Inoltre, il dio è talvolta raffigurato con la testa di ariete. Il bastone portato da Atum indica che deve essere considerato molto vecchio. Le sue forme animali sono il serpente, la mangusta, il leone, il toro, la salamandra e il babbuino. A volte il dio è armato di arco. In relazione ai suoi poteri rigenerativi, viene talvolta raffigurato anche come uno scarabeo.

Bennu

Il **Benoe** o **Benu** è un uccello della mitologia egizia ed è l'antenato della fenice. Il geroglifico egiziano di questo uccello significa "splendente" o "nascente". Si dice che il benoe sia nato al momento della creazione e che fosse venerato a Eliopoli, nell'Antico Egitto. È un tipo di airone con zampe lunghe e due lunghe piume sulla nuca. È l'uccello eterno che, come il sole, rinasce ogni mattina dopo il suo viaggio attraverso gli inferi.

Il benoe è sorto dal mare primordiale Noen. Si trovava sulla collina primordiale, la prima terra emersa dall'acqua. Viveva su questo Benben, la montagna del mondo. La prima luce del sole brillò sull'uccello e sulla montagna del mondo, e quando l'animale emise un grido (il soffio della vita), il tempo decollò. I sacerdoti costruirono un tempio sulla collina sabbiosa che si trovava a precipizio. In quel tempio del sole, nella città di Eliopoli, fu posta la pietra del benben, che simboleggia il luogo in cui il dio del sole Atum apparve come benoe. Il benoe è anche associato al calendario egizio.

Secondo il Libro egizio dei morti (capitolo LXXXIII), il benoe scaturiva dal cuore di Osiride ed era in lui "l'essenza di ogni divinità".

Questo animale totem associato al dio Sole accompagnava le anime dei morti nella barca di Ra nel loro viaggio attraverso gli inferi fino al dio Osiride, che doveva giudicarle. Quelli ritenuti degni viaggiavano con l'uccello verso est, dove salivano alla luce dell'aldilà come il sole.

Quando lo storico greco Erodoto visitò l'Egitto, i sacerdoti di Eliopoli gli mostrarono le immagini del benoe. Chiamò l'uccello "fenice" (ii.75).

Asteroide

L'asteroide *(101955) Bennu prende* il nome da Benu, una cosiddetta tosatrice terrestre, che passa davanti alla Terra a soli 333 milioni di chilometri di distanza. Nel 2016 è stata lanciata la sonda spaziale OSIRIS-REx per esplorare Bennu. La sonda dovrebbe portare sulla Terra del materiale di superficie.

Hapi

Si scrive anche Hapy o Hap.

Il dio del fiume Nilo

Hapy era un dio egizio. A volte è visto come una dea perché possiede entrambe le caratteristiche sessuali. Hapy ha un seno e una barba finta.

Secondo gli Egizi, questo dio assicurava che il Nilo straripasse ogni anno e portasse fertilità. Per questo è strettamente associato a Noen. L'Egitto dipendeva dalle inondazioni del Nilo per la sua agricoltura e per questo il culto di Hapy era molto popolare nella valle del Nilo. Venivano fatte offerte per far sì che il lavaggio del Nilo, chiamato anche la *venuta di Hapy*, fosse grande. È possibile che il nome originario del Nilo fosse Hapy.

Hapy è solitamente raffigurato come un uomo con seni penduli e pancia gonfia. Questi sono segni di una buona alimentazione. Di solito tiene in mano vegetazione o piante del Nilo appese alla testa.

Horus

Horus era il nome latino dell'egiziano Heru.

Il dio del cielo dalla testa di falco o di falco, figlio di Osiride e Iside

Horus è un dio falco egiziano, venerato dall'inizio della civiltà egizia fino all'introduzione del cristianesimo.

Significato mitologico

Il dio ha una ricca storia di culto, nel corso degli anni sono stati attribuiti diversi ruoli al dio Horus.

Horus come dio della regalità

Horus era un dio dinastico attribuito ai re della 0a-3a dinastia. Collegando il ruolo di Horus come dio del cielo al dio della dinastia, divenne il fondatore della regalità egizia. Il faraone divenne così un'incarnazione di Horus. Dopo la sua morte, il faraone defunto diventava una personificazione di Osiride e Horus passava alla persona vivente del nuovo faraone. La Lista dei Re di Torino descrive i re della 0a-3a dinastia egizia come "seguaci di Horus".

I re scrivevano i loro nomi in un Serech o palazzo stilizzato con in cima un falco Horus. Uno dei titoli era anche il nome dell'Horus d'oro.

Il dio Haroer o Horus il Vecchio (in greco: Haroëris) è raffigurato come un antico dio che ha lottato a lungo con lo zio Seth per il trono d'Egitto. Alla fine, il consiglio degli dei assegna il trono d'Egitto a Horus. Il dio Harmaoe o Horus l'unificatore (in greco Harsomptus) svolge il ruolo di unire l'Egitto e di governare l'Egitto. Si riferisce al tema della battaglia tra Horus e Seth per il trono.

Horus come dio del cielo

Horus era in origine un dio del cielo. Il *suo* nome significa: il lontano o l'alto e ha a che fare con il falco che vola o attacca ad alta quota. Il dio era venerato a Hierakonpolis come un falco celeste: il suo occhio destro era il sole, il sinistro la luna, le sue piume maculate sono le stelle, le sue ali l'aria che produce il vento. È il dio del cielo che dispiega le sue ali sulla terra.

Horus come dio del sole

Come dio Horachty o "Horus dei due orizzonti", gli fu attribuito il ruolo di sole che sorge e tramonta, di sole che tramonta e di dio dell'est. Nei Testi delle Piramidi, c'è un passaggio: "Il re morto rinascerà nel cielo orientale come Horachty". Il culto del dio era associato a Re di Eliopoli come Re-Horachety.

Come dio Horbehedet o *Horus di Edfu,* il dio era venerato come un disco solare con le ali. Gli è stato affidato il ruolo del sole che si staglia nel cielo.

Il dio Horemachet o *Horus dell'orizzonte* (in greco Harmachis) era raffigurato come un dio del sole sotto forma di falco o leone. A partire dal Nuovo Regno, si è ritenuto che la Sfinge di Giza raffigurasse Horemachet, mentre il re Chefren era raffigurato.

Horus il bambino

Horus bambino veniva raffigurato e venerato in vari modi.

- Come Her-hery-wadj o *Horus nella pianta di papiro*, il dio era raffigurato su una pianta di papiro con una corona da re e un flagello. Secondo il mito, Iside era rimasta incinta di Osiride e aveva dato alla luce il bambino nei campi di papiro. Il bambino - erede di Osiride - fu tenuto nascosto a Seth, fratello di Osiride, che si considerava anch'egli erede di Osiride.

- Come Her-pa-chered o *Horus il bambino* (vedi Arpocrate), il dio era raffigurato come un bambino vulnerabile seduto sulle ginocchia della madre Iside. O come un dio indipendente con regalia reale.
- Come Her-sa-aset o Horus figlio di Iside (in greco Harsiese), il dio era identificato come figlio di Iside e figlio legittimo e successore di Osiride. A questo si ricollega il titolo di Her-ion-mutef o *Horus pilastro della madre* e Her-nedj-itef o *Horus salvatore del padre* (vedi Harendotes).

Horus come figlio di Osiride e Iside

Horus è figlio di Osiride e Iside e fratello di Bastet. Horus nacque dopo l'autofecondazione da parte della madre Iside. Iside non riuscì a recuperare il pene di Osiride quando il suo corpo fu tagliato in 14 pezzi e gettato nel Nilo dal loro fratello Seth. Temendo che Seth uccidesse suo figlio, Iside lanciò il bambino in un cesto di papiro nel Delta del Nilo settentrionale, sperando che venisse trovato e cresciuto da qualcuno. Così è successo. Alla fine, è Horus a uccidere Seth. Horus ha quattro figli.

Aspetto

Il dio Horus è rappresentato come un falco o un essere umano con la testa di falco. Secondo Richard H. Wilkinson, potrebbe trattarsi del Falco biarmicus o del Falco peregrinus. Horus come falco è talvolta dotato di attributi regali come il pastorale di Nekhakha e la corona egizia. A volte il falco ha anche un disco solare sulla testa. Anche Horus come umano con la testa di falco è raffigurato con attributi regali. Di solito porta un simbolo dell'ancora e accompagna il faraone o il defunto presso gli dei.

Come Horus-Behedet, il dio era raffigurato come un disco solare con due ali e due serpenti urei sotto di esso.

Come Horus-bambino, il dio era raffigurato come un bambino con Iside in grembo, o come un giovane bambino con un collare in piedi su un coccodrillo.

Venerazione

Il culto di Horus occupava un posto importante nella religione dell'Antico Egitto. Il dio falco Horus era il padrone del cielo. I suoi occhi erano il sole e la luna. Come amuleto, il suo occhio forniva protezione contro il male (vedi Occhio di Horus). I suoi occhi vedevano tutto, anche i sentimenti e gli stati d'animo degli uomini. Horus, figlio di Osiride e Iside, era solitamente raffigurato come un falco o come un uomo con la testa di falco.

Kom Ombo

Horus era venerato nel tempio di Kom Ombo, dove si parlava della sua nascita e delle sue battaglie con Seth. Il tempio fu in realtà costruito per due divinità: il lato orientale fu costruito per il dio Sobek e il lato occidentale per Haroëris. Haroëris, con la sua testa di falco, è una delle incarnazioni di Horus ed è stato talvolta chiamato Horus il Vecchio. Horus successe al padre come re d'Egitto e quindi ogni faraone era in realtà l'incarnazione terrena di Horus. Erano raffigurati con la doppia corona.

Nella parte occidentale del tempio si venerava anche una triade di padre, madre e figlio, rispettivamente: Haroëris (Horus il Vecchio), Tasenetnefret (una manifestazione di Hathor o Tefnoet; soprannominata "la Buona Sorella" o "la Buona Moglie") e Panebtaoei (Sobek, soprannominato il "Signore delle Due Terre", un titolo del faraone).

Edfu

Horus era anche venerato come Horus-Behedet nel suo tempio di Edfu. I piloni del tempio sono alti 80 metri. Il tempio attuale è stato costruito in epoca romana, ma in realtà è stato edificato su un tempio risalente al Nuovo Regno. La sua costruzione fu iniziata nel 237 a.C. da Tolomeo III e completata nel 57 a.C. da Tolomeo XII. Non è solo il tempio meglio conservato, ma anche il secondo tempio più grande dell'Egitto. Si credeva che il tempio fosse stato costruito sul luogo della battaglia tra Horus e Seth.

Il tempio aveva anche una mammisi: un edificio legato ai rituali della nascita di Horus. Presentava numerosi rilievi, tra cui la Festa del Magnifico Incontro, l'incontro annuale tra Horus e sua moglie Hathor. I rilievi si trovano per lo più all'interno del primo pilone e sono legati spiritualmente al tempio di Hathor a Dendera.

Durante il terzo mese d'estate, i sacerdoti di Dendera mettevano la statua di Hathor sulla sua barca e la portavano al tempio di Edfu, dove si credeva che Hathor facesse una visita coniugale a Horus. Ogni sera si ritiravano nei mammiferi.

Altri centri di culto

In Egitto c'erano divinità simili in diverse regioni, che erano state superate e assimilate dal culto di Horus. Horus era anche venerato insieme ad altre divinità. Non è quindi facile individuare una regione unitaria come centro del culto di Horus. Il dio era venerato in tutto l'Egitto, ma anche in Nubia e divenne popolare anche nel mondo greco-romano prima dell'avvento del cristianesimo.

Altri centri di culto sono stati:

- Tjaroe (Basso Egitto), il culto di Horus di Mesen sotto forma di leone e, a causa del suo legame teologico con Edfu, Tjaroe è talvolta chiamata Edfu del Basso Egitto.
- Letopolis (Basso Egitto), il culto di Kenty-irty.
- Athribis (Basso Egitto), il culto di Kenty-khem.
- Giza, culto del dio Harmachis.
- Hierakonpolis (Nechen, nel Basso Egitto) era la città in cui il dio Horus era venerato fin dal periodo predinastico.
- Boeto, come la storica città di Pe, dove, secondo i Testi delle Piramidi, veniva venerato il dio Horus.
- Baki (Nubia) (Kuban), dove veniva venerato il cosiddetto Horus di Baki.
- Boehen (Egitto) e Miam (Nubia) (Aniba), dove veniva venerato il cosiddetto Horus di Miam.

Khepri

Si scrive anche Khepra, Khepera, Khopri, Kheprer o Chepera.

Il dio del sole del mattino

Chepri era un dio creatore dell'Antico Egitto che in seguito divenne un'incarnazione del dio del sole Ra o Re. Era specificamente associato al sole nascente. Il suo nome significa *"divenire"* o *"accadere"* e questo è il concetto filosofico che sta alla base di questo simbolo. Gli Egizi credevano che il dio fosse stato creato da se stesso. Non aveva quindi né padre né madre. Sebbene si tratti di una divinità molto arcaica, gli amuleti con lo scarabeo compaiono solo nel Medio Regno.

L'associazione con lo scarabeo stercorario o scarabeo non sembra ovvia, ma può essere spiegata chiaramente. Da un lato, spingono i loro semi in una grande palla che spingono davanti a loro. È simile all'orbita solare. Per gli Egizi, l'associazione con l'autogenesi deriva probabilmente dalla nascita spontanea di scarabei stercorari nello sterco.

Il dio Chepri era molto popolare nell'Antico Egitto e troviamo numerose raffigurazioni dello scarabeo stercorario sotto forma di amuleti, che dovevano proteggere i morti dal male, e di dipinti sulle pareti delle tombe. Il centro del culto di Chepri era a Eliopoli, la città del sole.

I faraoni usavano spesso questa divinità nel nome del loro re. Esempio (vedi immagine sotto): Neb-Cheper-oe-Ré, nome reale di Tutankhamon, che significa: *Signore delle manifestazioni di Ra.*

Khnum

Si scrive anche Khnemu, Khnoumis, Chnuphis, Chnemu o Chnum.

Un dio creatore con la testa d'ariete che ha plasmato gli esseri umani sul suo tornio.

Chnoem (o Chnemoe) è un dio della mitologia egizia. Per lo più è raffigurato con la testa di un ariete con le corna dritte. Ciò riflette l'età del suo culto, in quanto si tratta di un'immagine della più antica razza di pecora nominata in Egitto (Ovis longipes). Chnoem era venerato in diversi luoghi, in particolare a Elefantina, al confine meridionale dell'Egitto, presso la prima cataratta, che gli egiziani consideravano la sorgente del Nilo, ma anche a Esna, dove si celebrava l'annuale *Festival della Ruota di ceramica*.

La parola che indica l'ariete in egiziano è *ba* e questa parola significa anche qualcosa come personalità o spirito. Quando il dio principale Ra viaggia nel mondo sotterraneo di notte come 'ba', è spesso raffigurato come un ariete e quindi Chnoem è un aspetto del dio principale, il creatore Cheperi-Ra-Toem. O almeno è così che i sacerdoti di Chnoem amavano vederlo.

Esiste un mito in cui Chnoem svolge un ruolo importante, *Chnoem e i sette anni di magra*.

Khons

Si scrive anche Khonsu, Chunsu, Khuns o Chons.

Dio della guarigione, della fertilità, del concepimento e del parto.

Chons, il figlio della luna, era il figlio di Amon e Moet nella mitologia egizia ed era chiamato il vagabondo perché vagava nei cieli di notte (come la luna). Dopo tutto, il suo nome significa *vagabondo* o *viaggiatore*.

Chons era venerato dalla popolazione come dio oracolo e protettore dalle malattie. Era considerato un aspetto (fase dell'età) di Horus. Il suo principale luogo di culto è Karnak. Il suo culto fu venerato a Tebe fin dall'Antico Regno, ma è solo a partire dal Medio Regno che il suo culto diventa importante in tutto il Paese.

Le pitture mostrano Chons con le gambe chiuse e la chiusura laterale (caratteristica dei giovani), accompagnato da Horus, in piedi su coccodrilli. Potrebbe anche essere stato raffigurato come un uomo mummificato con una mezzaluna sulla testa. Di solito, però, veniva raffigurato come un ragazzo con una ciocca di capelli, una cosa indossata da ogni bambino.

Mont

Si scrive anche Ment, Mentu, Menthu, Montu o Munt.

Divinità solare dalla testa di falco, talvolta considerata un dio della guerra.

Mentoe (Montoe, Montu) era un dio dell'antichità egizia. La divinità fu venerata dall'XI dinastia fino all'epoca greco-romana.

Mitologia

Mentoe era un dio falco, venerato a Tebe e nelle zone circostanti. Il suo nome viene menzionato per la prima volta nei testi piramidali, ma il dio divenne veramente importante solo intorno all'XI dinastia con i suoi governanti tebani. Tre sovrani portano parte del suo nome: "Mentoe è contento" e il dio ha acquisito lo status di divinità nazionale. Il dio fu persino identificato con Horus con il nome di "Horus del braccio forte", che deve riferirsi al lato bellicoso del dio. A metà del Medio Regno, Mentoe era visto come l'antitesi di Ra di Eliopoli e venivano anche venerati insieme: Ment-Ra. A partire dalla XII dinastia, l'influenza del dio diminuì e Amon lo sostituì, ma alcuni faraoni combatterono ancora in nome del dio Mentoe. Le consorti di Mentoe erano la dea tebana Tyenenyet e il dio del sole femminile Raet-Tawy.

Il culto

Mentoe era venerato nella regione di Tebe, comprese quattro grandi città tempio: Medamud, Karnak, Armant e Tod. Fu venerato da diversi re del Medio Regno, del Nuovo Regno e dell'epoca greco-romana (Alessandro Magno, Cleopatra VII).

Immagine

La mentoe è stata raffigurata in vari modi nel corso della storia. In origine era un dio falco, ma con il tempo ha assunto altre forme. La sua arma era un'ascia da cerimonia. La regina Ahhotep della XVIII dinastia raffigurò Mentoe come un grifone, probabilmente influenzata dalla Siria. A volte il dio indossa una *corona di Chepresj* come arma, come simbolo di guerra. Mentoe indossa un disco solare con un ureo e con due pennacchi di struzzo. Mentoe poteva essere visto anche nelle vesti di un toro sacro, Buchis, che veniva venerato anche lì e nelle dinastie successive come un uomo con la testa di toro.

Nefertem

Il dio della creazione del giorno al mattino, associato al fiore di loto.

Nefertem è una divinità dell'antico Egitto.

Mitologia

Nefertem è solitamente associato come dio dei profumi per via del fiore di loto sopra la sua testa, che è anche il suo marchio di fabbrica, ma questa è solo la seconda parte della sua natura. Il vero motivo per cui veniva venerato era la sua vicinanza a Ra. Il dio viene menzionato già nei testi piramidali, dove è indicato come "il fiore che sta davanti al naso di Ra". In tempi successivi il dio fu associato a Horus, a Memphis il dio faceva parte di una triade. Lì era raffigurato come figlio di Ptah e Sechmet. Anche altre città rivendicavano il dio, a Boeto era figlio di Wadjet e a Boebastis era figlio di Bastet.

Il culto

Il dio era venerato in edifici reali come i templi ed era visto come il temuto figlio della temuta Sekhmet. Gli amuleti del dio venivano realizzati quando nasceva un bambino nel terzo intervallo. Dovevano proteggere il bambino dagli spiriti maligni.

Immagine

Il dio è rappresentato come un uomo con un fiore di loto sulla testa, a volte il loto ha due pennacchi. Il dio è anche raffigurato come un leone in riferimento alla madre, a volte il leone era anche raffigurato con il suo tipico copricapo. A volte il dio è visto come protettore delle due terre ed è raffigurato con una piccola scimitarra.

Iside e Osiride

Dio del sole, dell'agricoltura e della salute. La sua regina è Iside, che è anche sua moglie e sorella.

Iside (greco) o **Aset** (antico egizio *Au Set*) è una delle principali dee della mitologia egizia. Dapprima venerata nel Delta del Nilo, Iside ricevette in seguito un tempio sull'isolotto di Philae, tra gli altri luoghi. Il suo luogo di residenza era l'Iseum (attuale Behbeit el-Hagar), il dodicesimo nomos del Basso Egitto.

Origine

In origine, Iside è il nome di una dea protettrice del Delta del Nilo. In seguito fu assimilata a Wadjet, la dea serpente del Basso Nilo. All'unione del Basso Egitto settentrionale e dell'Alto Egitto meridionale, fu lei ad assumere anche l'identità di Nekhbet, la dea avvoltoio dell'Alto Egitto. In alcune immagini indossava le ali da avvoltoio.

Diodoro di Sicilia riporta nei suoi scritti che Iside era venerata come inventrice dell'agricoltura e anche come grande guaritrice. Fu anche colei da cui (o sotto la quale) fu stabilita per la prima volta la legge della giustizia nel paese. In quel sistema era prescritto "*che la regina avesse maggior potere e onore del re, e che nella vita privata la moglie avesse autorità anche sul marito, e che i mariti accettassero nel contratto di matrimonio di essere obbedienti alle loro mogli in tutto*".

In questo stato agricolo, Iside è sempre stata fortemente associata al Nilo, l'acqua fertile che veniva a irrigare la terra secondo il ciclo annuale. I templi erano posti come vedette, che permettevano di riconoscere i segni nel cielo che coincidevano con l'acqua di lavaggio. Di conseguenza, questi templi erano tutti rivolti a sud. Il tempio più importante di Iside si trovava sull'isolotto di Philae, all'estremità meridionale del Nilo, cioè dove le acque nascenti del Nilo potevano essere rilevate per prime. Dopo la costruzione della diga di Assuan e la formazione del lago Nasser, l'isola fu sommersa e il tempio fu trasferito sull'isolotto di Agilkia.

La genealogia

Secondo la storia della creazione egizia, Iside era figlia di Geb e Nut, il dio della terra e la dea del cielo. Iside o Aset era la sorella di suo marito Osiride (*Oesir* egiziano) e di Nefti e Seth. Horus è suo figlio e simboleggia la scomparsa e il risorgere annuale della vita, come si vede nell'agricoltura (vedi anche: Nascita di Horus).

L'usanza di costruire bambole con lo spirito del grano esiste ancora oggi tra i copti. Durante la Settimana Santa, dal venerdì alla domenica viene posta sull'altare una rappresentazione di Cristo sotto forma di mummia, circondata da petali di fiori e simili. Anche le donne (non gli uomini) riempiono ancora i vasi di terra e vi seminano i semi. Questo ricorda il giardino di Adone. In Sicilia, tale vaso ("giardino di Adone") veniva sempre realizzato in primavera, per poi essere scartato.

Osiride, il suo amante, fu istruito da lei sull'agricoltura.

Per la rigenerazione di Osiride, Iside è importante come forza attiva che rende il corpo di Osiride, tagliato in 14 pezzi, di nuovo uno. È la sua resurrezione come Horus. Il simbolismo è che Osiride deve soffrire e morire perché noi possiamo vivere: il grano viene trebbiato, macinato e così via e rivive attraverso il seme l'anno successivo. Il pane ha un ruolo importante nel culto di Iside, così come il vino (il sangue di Osiride).

Attributi e funzione

Iside era conosciuta come dea della fertilità e amante della magia, tanto da ingannare Ra nel mito di Ra e Iside. Suo marito Osiride, tuttavia, fu ucciso dal fratello Seth e il suo cadavere fu smembrato. Iside, aiutata da Anubi, il dio sciacallo che inventò l'imbalsamazione, raccolse i pezzi e con la sua magia riuscì a rimanere incinta di un figlio, Horus, che avrebbe vendicato il padre e preso il suo posto sul trono. Osiride divenne il sovrano del regno dei morti e Iside era sempre alla sua ricerca. Esiste (nel quarto papiro Sallier) una versione del mito della battaglia tra Horus e Seth, in cui Iside cerca di salvare il fratello, nonostante le sue malefatte. Allora Horus si infuriò e le tagliò la testa. Ma Thoth sostituì la testa di Iside con quella di una mucca. La mucca era il simbolo dell'amore.

I faraoni della I dinastia si definivano discendenti di Iside. Compaiono anche donne faraone. Iside e Osiride furono in seguito modelli per la regalità egizia. Un re preferì sposare sua sorella; sulla sua vita era un Horus, e scrisse uno dei suoi nomi con sopra il falco Horus. Alla sua morte, divenne un Osiride e fu venerato come tale.

Caratteristico di Iside è il trono, il *Mu'at*. su cui solitamente siede, che di per sé è simbolico della dea e compare nel geroglifico del suo nome. È un segno di potere e autorità supremi. Caratteristico è anche il nodo Iside. Si tratta di una sorta di torto nella veste che simboleggia la stretta relazione tra terra e cielo, e che veniva indossata anche dalle sue sacerdotesse.

Nel corso del tempo, Iside adottò gli aspetti e gli attributi di altre dee, come Selket, Hathor, Neith e Noet, per unirle in un'unica divinità.

Gli attributi che ha in comune con le altre dee sono:

- l'Ancora, simbolo di fertilità e vita eterna;
- Il sistro e la collana *menat* di Hathor;
- Il disco solare con le corna del toro di Hathor;
- la parrucca di capelli a forma di ali ripiegate di avvoltoio, attributo delle dee del cielo, di cui Nekhbet è la prima;
- spesso l'immagine del trono, simbolo di potere, sopra la testa o come segno in sé per indicare la sua
- lo scettro *di cera* e lo stelo di papiro nelle sue mani;
- il *Mu'at*, trono come simbolo nel geroglifico del suo nome e che porta sul capo.

Dal Nuovo Regno in poi, è indistinguibile da Hathor. Si parla poi di Iside-Hathor. Entrambi indossano la stessa acconciatura (testa di vacca con disco solare cornuto appoggiato su una corona di serpenti urei e una parrucca a forma di avvoltoio).

Isiscultus

I famosi luoghi di origine del culto di Iside erano Taposiris Magna, nel delta settentrionale, che era collegata ad Alessandria da una strada processionale lunga 45 km, e Philae, l'isola più meridionale del Nilo superiore, dove il fango fertile inondò per la prima volta la terra. Plutarco descrive come il sarcofago in cui Osiride era stato rinchiuso dal fratello Seth svolgesse un ruolo importante nel rituale. La chiusura del coperchio simboleggiava la scomparsa dell'acqua. Questo rituale è raffigurato nel mosaico di Preneste.

Dopo la conquista da parte di Alessandro Magno nel 332 a.C., il culto di Iside fu trasferito anche nel mondo ellenistico. A partire dal II secolo a.C., il suo culto iniziò a diffondersi in tutto il Mediterraneo per mano di mercanti e marinai, fino alla Pannonia, alla Gallia fino al Reno e alla Bretagna. Come la Demetra di Elefsina, Iside concedeva l'immortalità agli iniziati ai culti misterici. In Grecia era spesso equiparata a Demetra. Plutarco ha lasciato la descrizione più completa del mito di Iside e Osiride, ma scrive di un culto che è stato soggetto a molti cambiamenti durante il periodo dei Tolomei, soprattutto sotto l'influenza greca. Lo storico greco descrive la dea come "*il principio femminile della natura*". Secondo lui, è stata chiamata con numerosi nomi, in quanto si "*trasforma* dolcemente *in questo o quello*" ed è "*suscettibile di ogni forma*".
 In epoca romana, dall'80 a.C. fino al VI secolo, il culto di Iside era estremamente popolare e quindi certamente non più limitato all'Egitto e alla Grecia. Il suo culto si applicava, secondo P. Cumont, "da Alessandria ad Arles, dalle regioni del Sahara alle isole britanniche, dalle montagne delle Asturie alle colline del Danubio". Nei misteri romani era invocata come "*Colei che è tutto*". L'imperatore Gaio (soprannominato Caligola) costruì un tempio a Iside. L'imperatore Domiziano le fece costruire un tempio a Benevento.

Il suo culto era accompagnato da molti bei rituali e musiche, tra cui l'uso delle sorelle, una specie di sonaglio a corde, che viene usato ancora oggi in Etiopia. A Roma coesistevano il culto di Iside e quello di Cibele. Il culto di Iside era molto più tranquillo, simile a quello di Demetra. Demetra era la dea del grano, identificata con Cerere presso i Romani. La gente mangiava pane contaminato dal fungo della "segale cornuta" (el-got) che produceva sostanzialmente LSD, da cui l'estasi e la danza. Allo stesso modo, lo strumento musicale (sistro) divenne un simbolo di Hathor. Questo strumento è ancora oggi utilizzato nella chiesa copta. Il sistro può essere abbinato a un pilastro non troppo alto (es. Tempio di Hateh-Sut).

Iside era spesso raffigurata con Horus, il figlio neonato, in grembo. Le ricerche ritengono possibile che, durante la cristianizzazione, questa immagine sia stata adottata dal cristianesimo come Madonna con Bambino. I santuari furono trasformati in chiese cristiane.

In Egitto, il suo culto continuò fino al 552 d.C., quando l'imperatore Giustiniano fece chiudere il tempio.

Nel Basso Egitto, fino ad allora, solo il culto iniziatico iraniano di Mitra aveva superato il suo per numero di seguaci. Quest'ultimo era principalmente un culto dei soldati.

Isis e altri popoli

Infine, anche al di fuori dei confini egiziani, Iside divenne molto popolare e fu assimilata ad altre dee a seconda del suo aspetto. Per i greci, Iside era identificata con Demetra e Afrodite e con molte altre dee. Nell'antica Roma, il culto popolare di Iside è sorto all'epoca di Giulio Cesare e ha portato alla sua diffusione in tutto l'Impero Romano (ne sono testimonianza le numerose statuette di terracotta regalate ai matrimoni). A Pompei è possibile visitare un tempio Isi completamente scavato.

È noto che il servizio di Iside era praticato anche in Inghilterra in epoca romana. Un tempio di Iside a Londra sulle rive del Tamigi e un altare di Iside a Chester testimoniano l'esistenza di questa religione nelle isole britanniche in quel periodo. Forse la dea Danu, la divina antenata dei Tuatha de Danaan irlandesi (imparentata o meno con la Diana romana, la Dione greca e la Danu indiana), ha costituito la base del culto che è stato etichettato come culto delle streghe.

Iside è all'origine di molti miti dell'umanità, attorno ai quali si è sviluppata una vivace tradizione e che sono stati espressi in molte opere d'arte e di letteratura.

Paralleli nel cattolicesimo e nell'ortodossia

Alcuni ricercatori ritengono che il culto di Iside abbia influenzato lo sviluppo del culto cristiano della Vergine Maria in epoca tardo-romana. Le testimonianze indicano che ciò ha permesso alla Chiesa cattolica di attirare tra le sue fila un gran numero di fedeli che in precedenza avevano aderito al culto di Iside e che erano disposti a convertirsi nella misura in cui era disponibile una figura femminile simile a Iside su cui concentrare la loro fede precedente. Almeno dal punto di vista iconografico, sono evidenti le somiglianze tra l'Iside seduta che allatta il figlio Horus e le numerose Madonne che raffigurano Maria seduta che tiene in braccio il figlio Gesù e forse lo allatta. Esiste anche un parallelo tra la verginità di Iside e quella di Maria. Anche a Iside fu detto che il concepimento non era fisico, e così partorì Horus da vergine, proprio come nella mitologia frigia il dio Attis discendeva dalla madre vergine Nana.

Anche se la *Vergine Maria* non è adorata (ma venerata) nel Cattolicesimo e nell'Ortodossia, svolge comunque il ruolo di figura materna sempre presente, in un modo simile a quello del culto di Iside che era prevalente in passato.

Si ritiene che il culto delle *Madonne Nere sia* una derivazione tardiva del culto di Iside nella Bassa Nubia, dove in origine veniva venerata l'Iside nera di Philae.

Il culto mariano nella tradizione ortodossa e anche in quella anglicana è spesso sottovalutato. Le icone tradizionali sono ancora popolari nel rito ortodosso contemporaneo. Vedi anche cristianizzazione e sincretismo.

Osiride

Osiride è una divinità della mitologia egizia. È figlio di Geb, dio della terra, e di sua sorella Noet, dea del cielo. Divenne re dell'Antico Egitto dopo Ra. Sua moglie, che è anche sua sorella, è Iside. Con lei, appartiene all'Enneade (i Nove) di Eliopoli. Suo figlio è Horus. Secondo le antiche storie, Osiride era sceso dal cielo ed era succeduto al suo bisnonno Ra come faraone (re) d'Egitto.

Nell'antico Egitto era un dio molto popolare, che incorporava tratti di tutti i tipi di divinità. Cresce di importanza e diventa una delle divinità più grandi e importanti dell'Egitto. La sua morte è descritta in una delle più famose storie di divinità dell'Antico Egitto: il *Mito di Osiride*. Osiride divenne il dio dei morti e della vita eterna nell'aldilà. Le rappresentazioni del faraone che si sottomette alla determinazione del destino di Osiride (la pesatura del cuore, o la pesatura dell'anima eterna/divina) sono presenti in tutte le camere di sepoltura dei faraoni. Molti eressero una stele sulla tomba di Osiride ad Abydos o vi fecero trasportare la propria mummia, per condividere il destino di Osiride. Ogni morto diventava un Osiride, cioè una persona risorta dai morti, un rinato.

Re divino

All'inizio fu associato al dio Andjeti di Busiris, nel delta, un dio dei pastori di capre. Da lui Osiride trasse gli attributi del bastone da pastore e del flagello. In analogia con l'Ogmyos celtico, che portava attributi corrispondenti, rispettivamente la coppa della salvezza (= bastone del pastore) e la clava (= flagello). Come "buon pastore", Osiride era un re-dio e un re-sacerdote. Si dice che abbia effettivamente regnato come re in epoca preistorica, che sia stato ucciso dal fratello nemico Seth, che voleva impossessarsi dell'eredità, ma che sia stato vendicato dal figlio Horus. Numerosi sono i miti che circondano questo evento.

Secondo i racconti della creazione di Eliopoli (la città del sole), Osiride era l'erede diretto del dio creatore Ra-Atou e quindi il suo legittimo successore sul trono terreno. Nell'"età dell'oro", Ra stesso era re sulla terra, ma dopo la ribellione degli umani e la parziale distruzione dell'umanità da parte dell'occhio di Ra "Hathor-Sechmet", Ra creò il mondo sotterraneo e divenne un dio del cielo, navigando ogni giorno sulla sua barca lungo la volta celeste. Prima di diventare il dio degli inferi, Osiride era quindi, secondo il mito, un re divino sulla terra. Ogni giorno, alla sesta ora della notte, Ra e il dio degli inferi Osiride si uniscono brevemente in Ra-Osiride. Questa storia della creazione è anche una rappresentazione profetica dell'attualità di oggi, ovvero il passaggio dal quarto al quinto mondo, l'Era solare dell'Acquario (la Città del Sole).

Dio dell'agricoltura e della fertilità

Osiride imparò l'agricoltura dalla sorella e amata moglie Iside (l'agricoltura ebbe origine nel X millennio a.C., dopo l'ultima era glaciale). Osiride era il dio della resurrezione e della fertilità. Le sue feste (che si svolgevano intorno alla festa della semina e del raccolto) erano spesso circondate da rituali di fertilità in cui il grano svolgeva un ruolo importante. Il simbolo Djed, a cui Osiride è spesso associato, rappresentava l'Albero della Vita. La sua parte superiore presenta quattro sporgenze. Ognuno di essi simboleggia un (1) mondo. Oggi siamo arrivati alla fine del quarto mondo. Si dice che il simbolo abbia origine da un antico rituale naturale integrato con il dio Chentiamentioe all'inizio della religione egizia. Questo dio di Abydos fu poi assimilato al dio Osiride. Ogni volta che c'è un matrimonio combinato con una relazione incestuosa, è coinvolta l'intenzione. Le persone conoscevano i pericoli di tali relazioni così come li conoscono oggi. Pertanto, quando ne nasce un bambino, si tratta sempre di un bambino santo e nato. (In analogia: la storia della nascita di Gesù).

Questo indica Osiride come dio della vegetazione. Si è manifestato nel grano, che è sepolto nella terra, ma che per forza creativa spontanea sorge e fruttifica nella spiga che germoglia. Nei cosiddetti Misteri di Osiride, il cadavere di Osiride veniva vegliato e una statua di Osiride veniva realizzata con fango del Nilo e grano essiccato. Quando si inumidisce, il chicco si smussa; simbolo della vegetazione che muore e che risorge (vedi anche bambola di grano).

Osiride deve la sua carnagione nera o verde al limo nero del Nilo e alle coltivazioni verdi che ne derivano. Come costellazione di Orione, Osiride era responsabile dell'inondazione annuale del Nilo.

Dio della luna

Osiride era inoltre dio della luna calante e crescente e delle inondazioni del Nilo. Talvolta il dio Iah ("luna") è associato a Osiride, creando una divinità mista: Osiride-Iah. Il ciclo lunare è quindi legato all'aspetto di rigenerazione di Osiride. Nel mito della battaglia tra Horus e Seth, il corpo di Osiride viene tagliato in 14 parti, un numero che corrisponde al numero di giorni della "luna crescente". Dopo questi 14 giorni, la "luna piena" ritorna nel cielo.

In quella battaglia tra il figlio di Osiride, Horus, e il fratello di Osiride, Seth (dio del disordine), Seth ferì l'occhio sinistro (lunare) di Horus, ma Thot riuscì a guarirlo. Horus offrì quindi a Osiride il suo occhio restaurato (Wedjat, "l'incontaminato") affinché potesse viaggiare con esso nell'aldilà in tutta sicurezza. Il danneggiamento e la riparazione dell'occhio sinistro di Horus sono associati al ciclo lunare mensile. L'occhio di Wedjat è quindi un forte simbolo di rigenerazione e continuità, e sono stati realizzati molti amuleti, soprattutto per aiutare i defunti, come Osiride prima di loro, a raggiungere il Doeat (l'aldilà). Spesso sono di maiolica verde (o blu), in relazione alla resurrezione di Osiride nell'altro mondo. Il verde è il colore del raccolto che risorge dall'argilla nera del Nilo. Pertanto, Osiride ha una carnagione verde o nera.

Dio nascente

Osiride era anche spesso identificato con il dio Vienna-nefer, "che è costantemente giovane", che si addice a un dio che muore e si rianima, caratterizzando molte statue di Osiride di questo dio altrimenti mummificato; un chiaro esempio di resurrezione dopo un periodo di morte o sonno simbolico.

L'airone Benoe è uno degli animali divini di Osiride, che viene quindi raffigurato, tra l'altro, come un airone con una corona di atef. L'airone grigio simboleggia la Fenice, l'uccello che risorge dalle proprie ceneri e rinasce da un uovo. Un altro animale sacro a Osiride è il toro Apis, che simboleggia sia la fertilità che l'aldilà.

Dio degli inferi

Osiride era anche il sovrano del Doeat, il mondo sotterraneo o regno dei morti. Gli Egizi credevano che risiedesse in un palazzo a ovest, attraverso il quale i morti dovevano passare per primi. Lì era capo della giustizia, assistito da 42 assistenti. Ad ogni passaggio si trovavano i servitori di Osiride con teste di animali che testavano i morti, come descritto nel Libro egizio dei morti *Amdoeat*. Al passaggio della 6a e 7a ora, i morti arrivavano al trono di Osiride. Qui il suo cuore sarebbe stato soppesato dalla Piuma della Verità di Maät (dea dell'ordine cosmico). Se il morto aveva condotto una buona vita, il cuore era più leggero e Osiride gli permetteva di entrare nel Campo di Jaru, l'aldilà egiziano. Tuttavia, se il cuore era più pesante della piuma, a causa di tutti i peccati, il cuore e la persona morta venivano mangiati da un mostro, il "Mangiamorte" Ammoet o Amemet. Ammoet aveva la testa di un coccodrillo, le zampe anteriori di un leone e l'addome di un ippopotamo.

Origine

L'origine di Osiride come dio del regno dei morti deriva dalla sua assimilazione (intorno alla III o IV dinastia) al dio della necropoli di Abido: Chentiamentioe (anche Khontamentiu, Khentamenti, Khontamenti, Khenty Amentiu, Khenti Amentiu). Questo dio della morte aiutava i defunti a viaggiare verso la terra dell'ovest ed era il conducente dell'albero del sole durante i viaggi notturni.

Il primo tempio di Abydos fu dedicato a Chentiamentioe. L'associazione con Osiride era così precoce nella storia che quasi nessuno ricordava l'origine del suo ruolo di dio del regno dei morti che giudica tutti i defunti.

Festa di nascita

Durante il culmine della festa di Choaik, il 26 Choiak (28 dicembre), gli egiziani celebravano la (ri)nascita di Osiride come Sokaris, il radioso sole del mattino, che portava nuova vita all'Egitto. Lo zodiaco del tempio della dea Hathor a Dendera mostra la posizione delle stelle il 28 dicembre 47 a.C., quando c'era la luna piena, simbolo della resurrezione di Osiride, e il 26 Choiak, ovvero la festa della rinascita di Osiride.

Il mito di Osiride

Il fratello di Osiride era Seth. Seth era geloso del fratello perché era re. Così escogitò uno stratagemma. Fece una bara e, grazie a una bugia, Osiride dovette "semplicemente strisciare" al suo interno. Seth allora chiuse il forziere e lo gettò nel Nilo, ma Iside lo ritrovò. Seth si infuriò, fece a pezzi il cadavere di Osiride e lo gettò negli angoli più remoti dell'antico Egitto. Iside (moglie di Osiride) viaggiò per anni alla ricerca dei resti del marito. Dopo una lunga ricerca, trovò le parti del corpo, tranne il suo organo sessuale (che era stato inghiottito da un pesce e sostituito da un organo sessuale di legno), e le mummificò in un unico corpo. Osiride rimase lì abbastanza a lungo da generare un altro figlio: Horus. Quest'ultimo divenne re d'Egitto dopo una lunga battaglia con Seth.

Fonti

Sebbene il mito di Osiride sia ben noto e si intrecci in ogni tipo di contesto, nell'Antico Egitto non esisteva in forma narrativa dettagliata, almeno non ne sono state trovate tracce (ancora).

Alcuni elementi del mito compaiono già nei primi testi piramidali dell'Antico Regno. Nel Medio Regno si trovano riferimenti al mito nei testi del Sarcofago e nel Nuovo Regno nel Libro dei Morti. Altre fonti sono la *Pietra di Shabaka* dell'Antico Egitto e il testo *Battaglia tra Horus e Seth* sul Papiro 45.

La versione più completa dell'Antico Egitto, il *Grande Inno di Osiride*, è conservata sulla lapide di un alto funzionario, Amenmose, della XVIII dinastia (circa 1500 a.C.). Questo racconto non fornisce tutti i dettagli. Per esempio, non è chiaro come sia stato concepito il figlio di Horus. Non è mai stata fatta una traduzione in olandese, ma ne sono state fatte due in inglese:

Il pensatore greco Plutarco (46-120 d.C.) compilò il mito più completo di Osiride nel suo libro *De Iside et Osiride*. Si dice che abbia basato il suo lavoro principalmente sulle tradizioni orali del mito e sulle precedenti opere scritte di Diodoro di Sicilia e di Erodoto. L'opera tarda di Plutarco (del I secolo d.C.) contiene molte informazioni aggiunte che non si trovano nelle fonti dell'Antico Egitto e molte "grecizzazioni". La versione di Plutarco è la più citata nella letteratura contemporanea. Tuttavia, esiste una differenza sostanziale tra il pensiero greco e quello egiziano.

A titolo di esempio: Plutarco, nel suo racconto, menziona la nascita di Horus - il figlio di Osiride e Iside - anche durante la vita di Osiride. Un rilievo nel tempio del faraone Seti I (XIX dinastia, 1294 - 1279 a.C. circa) parla del concepimento di Horus dopo la morte di Osiride. In un altro mito, si dice che Horus sia stato concepito da Iside e Osiride, come fratello e sorella, ancora nel grembo materno. Così, sia Osiride, Horus, Seth, Iside e Nefti sarebbero nati in successione da Noet nei cinque giorni in più dell'anno rispetto ai 360 giorni prevalenti, a causa della maledizione di Ra, il dio del sole, secondo cui i figli di Noet non potevano nascere in nessun giorno dell'anno.

Le varianti dell'Antico Egitto riportano episodi alternativi, che mancano in Plutarco; i Testi delle Piramidi accennano vagamente al fatto che Iside e sua sorella Nefti riuniscono le "parti" di Osiride; il *Grande Inno di Osiride* afferma che Iside usa le sue ali per "creare il respiro per Osiride" in modo da poter concepire il corpo di Osiride viene mummificato, spesso con l'aiuto di Anoebis e Thot, e così Osiride diventa la prima mummia, il che spiega l'aspetto del dio (con i sudari); quando Horus è diventato più grande, viene ricevuto dall'Enneade nell'aula di Geb, il padre di Osiride e Seth, e ne segue un'udienza; in alcune versioni, come parte del procedimento giudiziario, si svolgono duelli tra Horus e suo zio Seth, come una gara di barche. Alla fine, Horus viene incoronato dal tribunale degli dei come legittimo successore di Osiride. I faraoni terreni assumono quindi il ruolo di re legittimo da Horus. Quando il re muore, diventa Osiride e il suo successore è nuovamente associato a Horus.

Versione lunga

"Il mito di Osiride è la storia più famosa dell'antico Egitto e tratta della sua morte e resurrezione - un tema che riflette il ciclo quotidiano del sole che 'muore' al tramonto e della sua 'nascita' all'alba. Osiride non era solo il dio della regalità e la forza vitale del faraone, ma anche la personificazione della fertilità della terra e lo spirito del ciclo della vegetazione. In qualità di sovrano del regno dei morti, egli conferì una nuova vita a coloro che si erano guadagnati l'immortalità con il loro puro cammino di vita".

Osiride nacque da Geb, la terra, e Noet, la dea del cielo. Come re d'Egitto, era giusto e stabiliva leggi per il suo popolo. Conosceva non solo la fama, ma anche l'invidia. Il suo lavoro di re lo costrinse a viaggiare molto. Di ritorno da uno dei suoi viaggi, Osiride, guidato dal fratello Seth, fu accolto a un banchetto da 72 cospiratori. Durante questo pasto, Seth ha mostrato una bara bellissima e riccamente decorata. Dopo che tutti ebbero ammirato la bara, Seth promise di dare la bara a colui che ci stava dentro, dicendo che era il dio più potente. Poi, a turno, si sdraiarono tutti nella bara. Nessuno si è adattato. Quando fu il turno di Osiride, entrò nella bara e vi si distese. La bara era esattamente della sua taglia. I cospiratori si strinsero intorno alla bara, inchiodarono il coperchio e gettarono la bara coperta di piombo nel Nilo. Quando Iside seppe cosa era successo al marito, si tagliò una delle ciocche e si vestì a lutto.

Dopo la morte di Osiride, Seth governò l'Egitto come un sovrano crudele. Iside fuggì e si nascose nel Delta del Nilo. Nel frattempo, la bara contenente il corpo di Osiride era stata sballottata dalle onde sulla costa di Byblos. Un giovane cedro lo circondava e cresceva fino a diventare un bellissimo e grande albero. Il re di Byblos ammirò l'albero, lo abbatté e puntellò il tetto del suo palazzo con il tronco.

Gli dei e i demoni diffondono questo messaggio, che giunge così all'attenzione di Iside. Per assicurarsi che lei, una dea, potesse entrare nel palazzo, Iside escogitò uno stratagemma. Si recò a Byblos e si sedette ai piedi di una sorgente. Non parlava con nessuno, ma circondava i servi della regina con cura; intrecciava i loro capelli e imbalsamava la loro pelle con il profumo che lei stessa diffondeva. Quando la regina vide i suoi servi, mandò a chiamare Iside e la assunse. Le fu affidato il compito di prendersi cura del bambino della regina. Di notte, Iside si trasformava in rondine e volava intorno al pilastro portando con sé il corpo di Osiride. Spiata dalla regina, la vera natura di Iside divenne nota. Temendo di aver offeso una dea, la regina propose a Iside di fare suo qualcosa del regno. Iside scelse il grande pilastro di cedro intagliato del palazzo e lo tagliò a metà con tutta la sua forza. All'interno del pilastro si trovava la bara contenente il corpo di Osiride. Mise la bara in una barca, prese il figlio maggiore del re e salpò. Verso il mattino, un vento cupo si alzò attraverso il fiume Phaidros. Iside si infiammò per la rabbia e fece evaporare le acque del fiume nel suo letto. Arrivata in una regione deserta, aprì la bara e baciò il marito morto. Il figlio del re guardava, ma nella sua ira Iside gli lanciò uno sguardo terribile. La vista di tutto ciò fu troppo forte per lui e morì. Iside nascose la bara con il corpo di Osiride tra le canne del Nilo.

Cercando alla luce della luna, Seth trovò la bara. Tagliò il corpo in 14 pezzi e li disperse sul Nilo. Quando Iside scoprì la bara vuota, fece di tutto per recuperare le parti del corpo sparse. Li ha trovati tutti tranne uno: il suo membro maschile. Il simbolo della sua vitalità è andato perduto. Usando la sua magia e un ramoscello al posto del suo membro, riuscì a fargli concepire un figlio, Horus. Dopo la sua nascita, la donna nascose Horus vicino a Boeto, nelle paludi del Delta del Nilo, dove fu magicamente protetto da sette scorpioni velenosi. Tornando da Osiride, Iside imbalsamò e mummificò il marito e così Osiride, destinato da Ra a essere il re dei morti, ottenne la vita eterna.

Dopo la maggiore età, Horus visitò Seth e rivendicò il trono come suo legittimo successore. Seth rifiutò la richiesta. Dopo una lunga battaglia, Horus sconfisse lo zio e succedette al padre Osiride come Re dei Viventi.

Orione

Sirio, la *Stella del Cane*, è la più importante delle stelle del cielo australe. È la stella più luminosa del cielo notturno e il suo sorgere, dopo 70 giorni di invisibilità, coincide con l'inizio del Diluvio del Nilo a fine luglio e segna l'inizio del nuovo anno. Secondo la mitologia egizia, il fiume Nilo è il fluido corporeo di Osiride ucciso e mutilato. La vedova Iside è alla disperata ricerca del suo cadavere. Nella mitologia, Sirio è la dea Sopdet, associata a Iside, e la costellazione di Orione, che si muove nel cielo notturno subito prima di Sirio, è Osiride. Gli Egizi raffiguravano Orione come un uomo che guardava indietro disperato, seguito dalla moglie Iside (Sirio).

Serapide

Quando i Greci governarono l'Egitto come Tolomei dopo la conquista di Alessandro Magno, alcune importanti divinità greche come Zeus e Ade furono unite all'egiziano Osiride e al toro Apis. Si creò così il "nuovo" dio Serapide, che sia i greci che gli egizi potevano adorare, poiché si cercava un modo per unire i due diversi popoli. Poi alle città furono dati anche i nomi greci con cui le conosciamo oggi. Le divinità egizie erano associate a quelle greche, come l'Ermes greco e il Thot egiziano; la Pallade Atena greca e la Neith egiziana. Serapide aveva un aspetto greco, con riccioli rigogliosi e una grande barba. Ad Alessandria, nel suo nuovo tempio, gli fu eretta una statua alta dieci metri.

Ptah

Si scrive anche Phthah.

L'architetto cosmico, dio delle arti, dei mestieri e dei commerci e protettore degli artigiani.

I Greci identificavano Ptah con il loro dio Efesto e i Romani con Vulcano.

Ptah, scritto anche come **Peteh**, nella mitologia egizia dell'Antico Regno era la divinizzazione del mondo primordiale nella cosmogonia enneadiana, che veniva chiamato letteralmente Ta-tenen, con il significato di *terra sorta*, o come *Tanen*, con il significato di *terra inondata*.

Era la divinità locale della città di Memphis, che fu a lungo la capitale dell'Antico Regno. Esiste una versione della storia della creazione egizia in cui non è il dio del sole Ra a essere il dio della creazione, ma Ptah. Questa versione è immortalata sulla Pietra di Palermo che un tempo ornava il tempio di Ptah a Memphis. Questo santuario era chiamato *Hwt-ka-Ptah* o "Casa dello Spirito di Ptah".

È il compagno di Bastet e del suo aspetto feroce Sechmet ed è raffigurato come un uomo alto con abiti aderenti e un copricapo stretto. Porta un bastone che combina il segno Djed, lo scettro Was e il segno Anch. A partire dal Medio Regno, inoltre, gli fu fatta la barba dritta.

Ptah è il vasaio tra gli dei e anche il portatore della forgiatura e della scultura. Ha creato l'umanità sul suo tornio e la sostiene sempre. Li ha formati dall'argilla e ha soffiato in loro una scintilla divina (cfr. Genesi). Si dice anche che abbia creato il mondo "*con i pensieri del suo cuore e le parole della sua lingua*".

Gli succedettero Ra, Shu, Geb e Osiride. Poi Seth prese il potere, ma fu sconfitto da Horus.

Il nome trascritto come *Ḥwt-k3-Ptḥ* (da *Hwt-ka-Ptah* o *Hat-ka-Ptah* "tempio del Ka di Ptah") è stato tradotto in greco come "Αι γυ πτος" o "Aeguptos". Nell'antica Grecia, col tempo, il nome di questo santuario passò a tutta la zona: è il nome dell'Egitto.

La gente considerava Imhotep, che costruì la piramide a gradoni, come suo figlio.

Nell'Antico Regno, il suo culto si fuse con quello del dio falco Sokar o Sokaris. Da questa combinazione nacque il dio funerario **Ptah-Sokar**. Naturalmente, questa divinità adottò gradualmente gli attributi del dio funerario Osiride. Nasce così il **Ptha-Sokar-Osiris**, le cui effigi venivano spesso regalate come tomba a privati.

Gli antichi greci lo inclusero nel loro pantheon con il nome di Hephaistos.

Re

Il supremo dio del sole, padre di tutta la creazione sotto forma di Atum

Ra o **Re** è il dio del sole della mitologia egizia. Era una delle divinità più venerate e importanti della mitologia egizia. Il dio era per lo più associato ad altre divinità. Nella prima mitologia egizia, aveva in parte le sembianze di un falco, il che lo rendeva Re-Horakthy (Re, Horus dell'orizzonte). Come sole del mattino era associato a Chepri e come sole della sera ad Atum. Ra rimase importante per tutta la storia dell'Egitto faraonico. Il dio era di solito il punto focale nei testi religiosi e nei miti della creazione.

Al dio sono stati attribuiti molteplici ruoli nel corso della storia.

- *Governatore del cielo.* Il *Mito della Mucca del Cielo* racconta che nell'età dell'oro perfetta, quando non c'erano né giorno né notte, Ra abitava sulla terra con gli altri dei e gli dei e gli esseri umani vivevano in armonia. Tuttavia, quando Ra divenne troppo vecchio per governare la terra e l'umanità si ribellò a lui, Ra, dopo aver consultato Noen (l'acqua primordiale), inviò il suo occhio Hathor-Sechmet nel mondo per distruggere l'umanità. Ra si è pentito all'ultimo momento e ha architettato uno stratagemma con Shu e Thot per fermare l'occhio. Ra creò un lago con birra di colore rosso e, poiché l'occhio pensava che fosse sangue, bevve il lago e si calmò. L'occhio passò dalla feroce dea leone Sechmet all'amorevole dea mucca Hathor. In questo modo, l'umanità primitiva fu salvata dagli effetti devastanti dell'occhio di Ra.

Re si ritirò poi sul dorso di Noet (la vacca del cielo), che fu sollevata da Shu (il dio del cielo), staccata da Geb (il dio della terra), divenne l'alto dei cieli. Ra creò quindi il mondo sotterraneo *Doeat* e divenne il sovrano del cielo. Ra iniziava ora il suo viaggio quotidiano lungo la volta celeste. Lì, naviga nella sua barca d'oro di circa 770 cubiti (400 metri di lunghezza) con accanto Maät, altre divinità e talvolta il faraone. La barca diurna è guidata dalle stelle circumpolari (che non tramontano mai) e quella notturna dai decani (stelle delle settimane di dieci giorni dell'anno egiziano) e dai pianeti. Alla sua nascita o risveglio quotidiano, Ra porta il nome di Chepri ed è accolto dalle grida dei babbuini al sorgere del sole. Tra gli altri, Shu e Heh (eternità) sostengono Chepri durante la sua scalata verso la cima del cielo. Verso mezzogiorno, Chepri naviga in sicurezza intorno al "banco di sabbia di Apophis" e prosegue come Ra. Quando, come antico dio del sole Atum, muore al tramonto, entra negli inferi.

- *Dominatore della terra*. Un mito racconta che il dio Ra fu un faraone prima dell'epoca dei faraoni predinastici. Molti faraoni cantavano inni in cui Ra avrebbe fatto riscaldare la terra e crescere i raccolti (Akhenaton).
- *Ra nel mondo sotterraneo*. Così come il dio inizia a viaggiare nei cieli con la sua corteccia, fa lo stesso nel mondo sotterraneo per rianimare i morti. La sera, Ra muore a ovest come l'antico dio del sole Atum. Dopo il tramonto, per Ra inizia un viaggio pericoloso e rigenerante, spesso sotto forma di mummia dalla testa di ariete. Questo si può vedere nelle *Litanie di Re* e in vari libri del mondo sotterraneo, come il *Libro della Notte*. Nel mondo sotterraneo, viene trascinato da una serie di sciacalli e cobra urei. Diverse divinità, Iside, Nefti, Horus, Hoe (il comando parlato), Sia (la percezione), Wepwawet (l'apritore delle vie), Thot, persino Seth (il dio del disordine), aiutano a completare il viaggio. In questo modo, l'equilibrio tra bene e male viene mantenuto e il sole può rinascere come Chepri all'alba. Ra è chiamato signore dell'eternità per questo viaggio ricorrente. Ogni notte incontra Apophis, che lo attacca, ma ogni volta viene sconfitto senza mai essere ucciso. Il sangue di Apophis colora di rosso il cielo ogni mattina, come prova che è stato nuovamente sconfitto. Anche questo è importante per la sua sopravvivenza e per i demoni che può incontrare nel regno dei morti. Nel mondo sotterraneo, durante la settima ora della notte, Ra è equiparato a Osiride come Ra-Osiride e viene venerato. Allora il *ba* si unisce al corpo e il giorno alla notte.

- *Ra come dio creatore.* Nel corso della storia egizia sono state inventate molte storie di creazione, come quella di Eliopoli, dove il dio Ra (prima Atum) creò il mondo. Ra era anche chiamato padre e madre di tutti gli esseri viventi. Durante il Nuovo Regno, Ra fu associato in particolare al dio creatore tebano Amon a Amon-Re.
- *Ra come re e padre del re.* Nella mitologia egizia, la creazione della regalità e quella del mondo erano equiparate. Si dice che Amon-Re fosse il padre dei re e che i re della V dinastia egiziana fossero veri e propri figli del dio Ra. Dovevano governare secondo l'ordine o *Maät.*

Origine

Secondo il mito della creazione elpidiense, una collina primordiale (*Benben*) è sorta dall'acqua primordiale (*Noen*). Su questo primo elemento solido è apparso Ra-Atoum. Sputando o masturbandosi, creò una prole: due figli Shu (aria, luce) e Tefnut (umidità, talvolta equiparata all'atmosfera degli inferi). Insieme, queste due divinità primordiali ebbero due figli: il dio Geb (terra) e la dea Noet (cielo). Geb e Noet sono stati separati dal padre Shu. Grazie a Thot, il dio della conoscenza e della scrittura, poterono trascorrere insieme gli ultimi quattro giorni dell'anno e nacquero i loro quattro figli Osiride, Iside, Seth e Nefti. Queste nove divinità formano l'Enneade (i nove) di Eliopoli. Secondo gli Egizi, la collina primordiale benben si trova nella città di Eliopoli (città del sole) e vi si trova anche il più grande santuario di Ra.

Eppure la dea vacca Hathor, la dea madre che nutre tutti, è generalmente considerata la madre di Ra. Esiste anche l'idea che Ra sia nato dalla dea del cielo Noet. Questo è strano perché, secondo il mito della creazione eliopolitana, Noet è sua nipote. Allo stesso modo, anche le dee vacche celesti Hathor ("casa di Horus"), Mehet-weret (simbolo dell'oceano celeste che Ra attraversa con la sua nave solare) e Ihet ("la vacca") sono considerate la madre del dio del sole Ra. Hathor non è solo sua madre, ma anche sua figlia.

Apparizioni

Ra è stato venerato per tutta la storia dell'Egitto. Non sorprende che il dio abbia avuto sembianze diverse. Il dio poteva essere venerato come un disco solare Aton con un cobra ureo e con o senza ali spiegate. Ma soprattutto Ra era venerato sotto forma di un dio con un corpo umano e una testa di falco, ariete e scarabeo con un disco solare sulla testa.

Poteva essere raffigurato in vari animali: ariete, scarabeo, fenice, serpente, toro celeste Mnevis, gatto, leone e animali compositi.

Gli altri nomi di Ra

Alcune divinità hanno sostituito altre nel corso del tempo o sono state fuse con altre. Poi sono diventati un dio insieme.

La fusione di Ra con altre divinità

- Amon e Ra insieme divennero Amon-Ra.

- Horus e Ra insieme divennero Ra Horakhty

- Atoem e Ra sono diventati insieme Atoem-Ra

- Osiride e Ra insieme divennero Ra-Osiride

- Sobek e Ra divennero insieme Sobek-Ra

Venerazione

Il dio del sole fu menzionato per la prima volta nel nome di Raneb, un re della II dinastia egizia. I re dalla IV dinastia in poi ricevettero automaticamente il titolo di Figlio di Ra, che si aggiungeva alla loro lunga serie di titoli. Ra fu venerato nel suo centro di Heliopolis e in tutto il Paese fino alla fine dell'epoca faraonica. Il dio Ra è persino menzionato nei testi copti come nell'ordine: Gesù, lo Spirito Santo e il dio del sole Ra. Il dio era venerato da tutti i ceti sociali, ovunque apparisse nei testi magici.

Shu

Si scrive anche Su.

Il dio dell'aria

Shu è un dio della storia della creazione egizia, una delle prime divinità create dal creatore. È emerso da Atum.

Era il dio dell'aria secca, mentre sua sorella Tefnut rappresentava l'elemento umido. Sono fratello e sorella di Geb e Noet e madrina e padrino di Osiride, Iside, Seth, Horus e Nefti. Shu appartiene all'Enneade di Eliopoli, ma aveva un culto speciale a Leontopoli, nel Delta del Nilo. Shu è raffigurato con una forma umana su cui si trova una piuma. Spesso si frappone tra Geb e Noet. Come Atlante, sostiene il cielo.

Sebek

Si scrive anche Sobek o Sobk.

Un dio associato non solo alla morte e agli inferi, ma anche - come aspetto del dio onnipotente Re - alla vita eterna per i puri di cuore.

Lo storico greco Erodoto ha notato che Sebek era venerato anche in un tempio su un'isola del lago Moeris, nell'Al-Fayyum occidentale, e nella città di Tebe. Il culto del coccodrillo divino, soprattutto come oracolo, durò fino all'epoca dell'Impero romano.

Sobek o **Sebek** è un dio della mitologia egizia. Aveva la testa di un coccodrillo e simboleggiava la fertilità del Nilo e il potere dei faraoni. Sobek era il figlio di Neith ed era particolarmente venerato a Fajum. La regione fu così fortemente associata al dio coccodrillo che i Greci chiamarono una città vicina Crocodilopolis. In tempi successivi, Sobek fu visto come un'incarnazione del dio Amon. Nelle immagini è raffigurato come un uomo con la testa di coccodrillo o come un coccodrillo (mummificato). Spesso Sobek porta sul capo il disco solare con un cobra. Sinonimi: Suchos, Sebek, Sebek-Ra, Sochet, Sobk, Sobki, Soknopais.

Sobek e il Libro dei Morti

Il Libro egizio dei morti cita Sobek come il dio che assistette Iside alla nascita del figlio Horus. Era anche considerato responsabile della protezione che Iside e sua sorella Nefti fornivano ai morti.

Thoth

Chiamato anche Djehuti, Djhuty, Dhouti, Zehuti, Tahuti, Zhouti, Techa o Thout.

Thoth è il dio dalla testa di ibis della saggezza, dell'intelligenza e della magia.

I Greci identificavano Thoth con il loro dio Ermes e lo ritenevano la fonte di tutta la saggezza conosciuta dall'umanità. I greci alessandrini lo identificarono come il mago Ermete Trismegistos ("il tre volte grande").

Thoth o Djehoety era il dio egizio della luna, della magia, del calendario, della scrittura e della saggezza. Secondo la mitologia, aveva inventato la scrittura e aveva trasmesso questa conoscenza all'umanità. Agisce nell'oltretomba quando pesa il cuore, prende nota del verdetto di Maät e porta il defunto a Osiride. *Il babbuino dalla bella faccia* era un epiteto per Thoth. Egli era considerato come l'*Uno* "auto-concepito" e "auto-prodotto".

Il suo nome egiziano Djehoety o Tehuti deriva dal più antico nome di "ibis": *djehoe / tehu.*

Animali

L'animale sacro di Thoth è quindi l'ibis, mentre i suoi attributi sono lo scrittoio e il grifone. L'associazione con l'uccello è dovuta al fatto che quando il Nilo esonda, gli ibis tornano in Egitto, segnando un periodo del calendario. Dalle loro piume si ricavavano anche penne per scrivere.

Spesso viene anche raffigurato come un babbuino. Il babbuino simboleggia il sole nascente e l'origine della creazione. Questi animali emettono un suono stridulo in coro poco prima dell'alba, "annunciando" il dio del sole Ra.

Maät

Thoth si trova con Maät nella barca di Ra. Secondo la mitologia egizia, è nato con lei. Maät è la dea che personifica la veridicità, la giustizia e l'ordine cosmico (egiziano: ma-at). Esiste almeno dall'Antico Regno ed è menzionata nei testi piramidali, alle spalle del dio del sole Ra. Maät può essere considerata la controparte femminile di Thoth. Nelle raffigurazioni su mummie e tombe, entrambi stavano al fianco di Ra, secondo il mito che lo vedeva sorgere dall'abisso di Noen (l'acqua primordiale). Le loro genesi coincidono quindi, compresa quella di Ra. Di notte, come dio della luna, Thoth è il vice del dio del sole. In quanto dio della scrittura, è anche considerato il "segretario" di Ra.

Iside

Nella battaglia tra Seth e Horus, Iside cercò di salvare la vita di suo figlio Horus. Seth si arrabbiò a tal punto da tagliare la testa a sua sorella Iside. Thoth allora guarì magicamente Iside dandole una testa di mucca.

Hermes

Il suo principale centro di culto era Hermopolis Magna (in egiziano *Chemenoe*), dove sono ancora conservate due massicce statue di questo dio. La città deve il suo nome greco al dio Ermes, poiché in tempi successivi Thoth fu identificato con lui e menzionato come *Ermete Trismegisto.* "Trismegistos" (o in latino "Ter Maximus"), come epiteto tra gli scrittori classici, indica la grandezza di Thoth e significa "tre volte più grande". A lui fu poi attribuito uno scritto su cui si basarono gli alchimisti.

I libri catalogati di Thoth

Secondo lo storico egiziano Manetone, Thoth scrisse molti libri e il padre della Chiesa Clemente di Alessandria, nel sesto libro dei suoi *Stromata*, menziona 42 libri di Thoth, contenenti "l'intera filosofia degli Egizi".

Dea femminile

Anuket

Anuket (in greco **Anukis**) era una dea dell'Egitto meridionale e delle cataratte. Fu venerata fin dall'Antico Regno nella regione di Assuan, dove era figlia di Re. Nel Medio Regno, divenne dea nella triade di Elefantina, dove svolgeva il ruolo di bambina. Anukis era venerato insieme a Chnoem e Satet a Elefantina e Assuan. Nell'Egitto meridionale, un tempio della dea sorgeva sull'isola di Seheil. Era venerata nella Bassa Nubia insieme ad altre divinità. Molti portavano nomi contenenti la parola "Anukis".

Festival

Anuket aveva una propria festa che iniziava quando il Nilo cominciava a salire. Poi la gente ha gettato nel fiume monete, oro e gioielli. Questo in segno di gratitudine per la vita che il fiume ha dato loro. C'era un tabù sul consumo di un certo tipo di pesce, considerato sacro.

Ruolo

È difficile stabilire quale fosse il suo ruolo. Era più che altro la madre del re, ma poteva anche essere una dea della guerra se associata a Hathor. In epoca tolemaica, Anuket divenne la dea della fertilità. Questo perché dava la fertilità sotto forma di Nilo.

Significato del nome

Il nome è difficile da interpretare, ma avrebbe a che fare con l'*abbraccio*. Questo potrebbe essere sia un abbraccio materno che uno strangolamento mortale. Questo doppio significato potrebbe forse indicare la duplice natura di Hathor, con cui era equiparata a Tebe. In ogni caso, ad Anukis fu assegnato un ruolo mitico materno nei confronti del faraone e talvolta gli fu attribuito l'epiteto di "*Madre del Faraone*". A volte è anche raffigurata mentre allatta il faraone, come nel piccolo tempio nubiano di Beit el-Wali.

Bastet

Si scrive anche Bast, Pasht o Ubastet.

Una dea dalla testa di gatto associata alla musica e alla danza, alla protezione contro le malattie e gli spiriti maligni e alla sicurezza delle donne incinte

Bastet (in origine **Bast**, anche **Pakhet**, **Ubasti** e **Bubastet**) era una dea della fertilità nella mitologia egizia, rappresentata come un gatto. Nella sua forma più antica, poteva anche essere raffigurata con una testa di leonessa e un ankh. È la dea della gioia, della danza, della musica, della celebrazione, della vita e del calore.
 Appare fin dalla II dinastia e all'epoca era considerata la protettrice del faraone. Di solito tiene in mano un sistro. Può anche essere raffigurata come una madre che allatta i suoi piccoli.

Mitologia

Bastet aveva il potere di evocare un'eclissi solare ed era anche una dea della fertilità. Rappresentava il lato benigno della dea Hathor. Come suo opposto fu chiamata la dea punitrice Sekhmet. Questi tre insieme formavano una triade di divinità. Bastet era figlia di Osiride e Iside, compagna di Ptah e madre di Miysis e Nefertem.

Allo stesso modo, Bastet era la protettrice delle casalinghe e a un certo punto è stata associata al profumo. Alle sue feste si beveva un'enorme quantità di vino e si dice che abbia avuto circa 700.000 visitatori. Questo era legato alla rigenerazione del faraone che doveva dimostrare o ripristinare la sua fertilità dopo un certo numero di anni durante un grande festival sul delta del Nilo. Le sacerdotesse eseguivano numerosi rituali di fertilità, con l'assistenza degli uomini.

Durante il periodo tolemaico in Egitto, Bastet fu equiparata ad Artemide e il suo dominio si spostò dalle eclissi solari a quelle lunari. La luna è solitamente associata alla donna per via del suo ciclo (mestruale). Fu la donna a stabilire la misura del tempo (mensura) e il calendario (mese). A tal fine, sono state utilizzate come punti di riferimento le tre fasi lunari visibili. Per associazione, spesso nasce anche la credenza in dee con tre sembianze. Questa era chiamata triade o triade, una trinità. Bastet - Hathor - Sechmet era una triade di questo tipo. Al contrario, la presenza di una triade di dee potrebbe anche essere indice di una religione più antica con una dea (madre) come divinità suprema.

Venerazione

Il suo culto si concentrava soprattutto nella città di Boebastis, dove, secondo Erodoto, aveva il tempio più bello di tutto il Paese e il maggior numero di seguaci. Aveva le sue feste in cui si celebravano banchetti esuberanti. È possibile che durante la festa si svolgessero anche culti di fertilità.

Dato che anche Moet era raffigurata come una dea dalla testa di leone (questo era il modo in cui veniva normalmente rappresentato l'"Occhio di Ra"), queste due dee vennero associate come Moet-Bastet.

Immagine

La dea, raffigurata con una testa di gatto, è presente fin dalla II dinastia e all'epoca era considerata la protettrice del faraone. Nella sua forma più famosa (successiva), la vediamo come un gatto o una donna con la testa di gatto. Di solito tiene in mano un sistro o uno strumento musicale. Può anche essere raffigurata come una madre che allatta i suoi gattini.

Hathor

Si scrive anche Athor.

Dea dell'amore, della fertilità, della bellezza, della musica e dell'allegria.

Hathor ("Casa di Hor(us)") è una dea madre della mitologia egizia, chiamata "madre delle madri" e "madre degli dei". È sia la madre che la figlia del dio del sole Ra. La parola "casa" era usata metaforicamente nell'antica cultura egizia per il corpo materno, considerato simbolicamente un recipiente, in questo caso "onnicomprensivo".

Nella sua forma più antica, risalente al 27° secolo a.C., è stata raffigurata sotto forma di mucca, mentre in seguito è stata talvolta raffigurata con la testa di un leone in associazione con il suo aspetto terribile Sekhmet. Il suo aspetto solare era evidenziato dal disco solare tra le corna della mucca. Era l'"occhio del sole o della luna". Era la "dea del re" e protettrice per nascita. A volte aveva due facce, una che guardava avanti e l'altra che guardava indietro. In tempi successivi, Hathor acquisì sempre più gli attributi della dea del trono Iside e fu identificata con lei. Iside-Hathor (l'unione di Hathor e Iside) era la dea più popolare di tutto l'Egitto. Questa dea era un esempio di amore, bellezza, gioia, potere, *rigenerazione* e maternità. Era una dea che aveva molte associazioni e quindi molta influenza; era la regina degli dei per eccellenza. Grazie ai suoi diversi attributi, poteva essere associata a quasi tutte le dee e apparire in modi diversi.

Il suo principale luogo di culto era Dendera.

Caratteristiche

Serpente e dea madre

La "Casa di Hor" esisteva prima della creazione di qualsiasi cosa. La sua prima forma era quella di un serpente. A un certo punto, si arrabbia molto e minaccia di distruggere l'intera creazione e di riprendere la sua forma originale di dea serpente. I serpenti sono la forma archetipica della Dea Madre in tutto il Mediterraneo, poiché simboleggiano la vita eterna, la fertilità e la saggezza. La sua funzione è quella di Serpente Primario. Oltre al serpente, è associata anche alla mucca.

In epoca arcaica, nell'Egitto politeista esistevano centinaia di dee, venerate lungo tutto il corso del Nilo. Una volta una pubblicazione di geroglifici solo su questi copriva tremila pagine. Gradualmente, si iniziò a raggrupparli sotto nomi comuni, dato che la funzione e gli attributi erano di solito in gran parte simili, un'evoluzione verso il monoteismo.

Koegodin

Come dea vacca celeste, Hathor è la madre del dio del sole Ra, il dio primordiale dell'Enneade (i nove dei). Inoltre, in quanto Occhio di Ra, è considerata anche la figlia di Ra. Le quattro zampe della grande mucca sono i "sostegni celesti" ai quattro angoli del mondo. Il suo ventre screziato è costellato di stelle del cielo celeste. Il dio del cielo Shu si inginocchia sotto la pancia della mucca del cielo per sostenerla con le braccia alzate. Secondo il Libro della Mucca del Cielo, le sue quattro zampe sono sostenute dagli otto dei Heh, gli Ogdoade o otto divinità primordiali di Hermopolis Magna. I quattro figli di Horus sono anche associati ai quattro supporti celesti. Di solito, Hathor è la bella mucca che si erge sopra di noi. In seguito, viene venerata come protettrice di tutto ciò che rallegra la vita umana: l'amore, il sesso, il canto, la danza, l'ubriachezza e i banchetti.

Nutrice di Horus

Hathor è stata popolare con questo nome nel corso della storia dell'Egitto. Anche quando nel 1400 a.C. Akhenaton tentò di stabilire definitivamente il monoteismo sotto l'unico dio Aton, la grande dea si dimostrò impossibile da bandire dalla vita degli egizi. Fu anche la nutrice del giovane dio Horus nel mito della nascita di Horus. Il papiro le è stato dedicato insieme alla scrittura e all'agricoltura. Era la *Signora dell'Ovest* e salutava i defunti negli inferi.

Occhio di Ra

Era anche l'incarnazione dell'Occhio di Ra (l'occhio onniveggente come segno di saggezza) e nel mito della distruzione dell'umanità da parte di Hathor nel *Libro della Vacca del Cielo,* mostrava anche il suo lato distruttivo nel suo aspetto di leonessa Sekhmet.

Signora del Turchese

Hathor era anche la "Signora del Turchese" o "Dea Blu". I minerali appartengono alla terra, cioè alla Dea Madre. Questa pietra semipreziosa veniva estratta nel Sinai e a Serabit el-Khadim si trovano i resti di un tempio a lei dedicato.

Signora delle terre straniere

Le terre straniere erano generalmente viste come dominio di Hathor e il tributo pagato all'Egitto dalle terre straniere era un "dono della Signora delle Terre Straniere".

Padrona dell'Albero della Vita

Infine, Hathor era "la padrona dell'albero della vita", rappresentato dal fico selvatico, secondo un'iscrizione su una sua statua a triade rinvenuta a Giza, dove questo albero sacro era venerato. Anche la più tarda dea romana Diana era raffigurata vicino a un albero.

Attributi

La maggior parte delle raffigurazioni mostra una donna giovane, i cui attributi distintivi sono la folta parrucca da avvoltoio e le lunghe corna di vacca sulla testa con il disco solare tra di esse. La mucca Hathor ha il disco solare tra le corna, come il cielo porta il sole. In seguito, le corna di vacca sono state utilizzate anche come corona distintiva di Iside, una dea madre universale associata a Hathor. Tiene in mano il bastone, il *medus*, che indica che è lei a parlare ("ha la parola"), e nell'altra mano porta un anchteken, simbolo di prosperità e fertilità (che potrebbe derivare dalla forma di un tubo del pene). Sulla fronte e persino sul copricapo stesso, di

81

solito non manca il cobra ureo, simbolo che richiama la forma primordiale della forza creatrice, il serpente.

Culto

Il precursore di questa dea era Ua Zit, il cui culto si svolgeva nell'antico Egitto, nel Sinai e in Canaan.

In onore di Hathor, si teneva il Festival dell'Ebbrezza.

A Dendera si trova ancora un tempio a lei dedicato. In questo sito le fu dedicato un santuario già in epoca predinastica. Sufou ricostruì il santuario. Cleopatra vi è raffigurata con il figlio neonato (avuto da Cesare) Cesarione. Nell'antico Egitto esistevano solo tre luoghi di pellegrinaggio per la guarigione. Uno era il tempio di Hathor, dove si praticava anche la medicina.

Nel corso dei secoli, molti re aggiunsero i loro tributi, finché Ramses II costruì un secondo tempio di Abu Simbel per la moglie Nefertari (XIX dinastia).

Le sacerdotesse di Hathor erano chiamate "Hathore". Le hathores padroneggiavano la danza, il canto e la musica, e il nome si applicò in seguito anche alle "donne sagge" e alle profetesse legate al tempio. Ad esempio, anche il faraone Chufu consultò una Hathore come profetessa personale, la sacerdotessa di Hathor e Neith, Hetepheres.

Anche a Deir el-Medina il culto di Hathor divenne molto popolare nel Nuovo Regno. Lì era venerata, tra l'altro, nella sua forma di Meretseger, la dea del serpente. Del tempio originario rimangono ancora dei resti, che in seguito furono murati e per un certo periodo servirono come chiesa cristiana.

Era venerata anche in Nubia, tra cui ad Abu Simbel. A Byblos sono stati rinvenuti resti di un tempio dedicato a Hathor, costruito su fondamenta anteriori al 28° secolo a.C..

Il culto di Hathor fu infine incorporato in quello di Iside in tempi successivi, al quale fu equiparata.

Heqet

Si scrive anche Heqtit o Hekt.

Dea dalla testa di rana che personifica la generazione, la nascita e la fertilità.

Nella mitologia egizia, la dea **Heket** era una dea rappresentata con la testa di rana e talvolta raffigurata interamente come una rana. Era il complemento femminile di Chnum. Questa dea era un'importante protettrice della gravidanza e del parto, che nell'Antico Egitto era rischioso. In connessione con gli dei primordiali Chnoem e Osiride, era responsabile della creazione e della rinascita di tutti gli esseri viventi ed era anche associata all'aldilà.

Troviamo la prima menzione di questa dea nei testi piramidali.

Il suo legame con la nascita appare per la prima volta nel Medio Regno, nei Carpazi occidentali. Qui si dice che Heket *accelerò la* nascita dei tre re che inaugurarono la V dinastia. Anche il termine *servo di Heket* per indicare la levatrice potrebbe essere entrato in uso a partire da quell'epoca.

La raffigurazione sulle pareti dei templi è solitamente quella di una figura antropomorfa con la testa di rana, mentre gli amuleti (in uso soprattutto a partire dal Nuovo Regno) sono solitamente zoomorfi.

Il suo principale luogo di culto era Herwer (forse la moderna Hur, vicino a el-Ashmunein). A Qus sono stati ritrovati i resti di un tempio dedicato a questa dea. Ma appare anche nei templi di altre divinità. Nel tempio di Abydos è raffigurata mentre riceve un versamento di vino da Seti I. È raffigurata anche in una tomba di Petosiris (ca. 300 a.C.) a Tuna el-Gebel, a indicare che il suo culto era ancora molto in voga fino a quell'epoca.

Imentet

La dea **Imentet** o **Amentet** è un'antica dea egizia. È la personificazione dell'occidente e delle necropoli della parte occidentale della Valle del Nilo.

Nome

Il suo nome Imentet deriva dall'ideogramma *Imnt* che significa "ovest". Il segno dell'ovest è stato scritto in due modi: un falco con una piuma su un supporto o codice R13 dell'elenco geroglifico di Gardiner; l'altra variante è una piuma su un supporto, codice R14.

Ruolo

La dea è stata ritrovata in immagini in varie tombe dell'Antico Egitto. Accoglie i defunti e offre loro dell'acqua. Simboleggia la necropoli occidentale sull'altra sponda del Nilo.

Aspetto

La dea Imentet o Amentet è facilmente riconoscibile dal simbolo sopra la sua testa. Sebbene possa essere chiaramente distinta dalle altre divinità, viene spesso indicata come una manifestazione di Hathor o Iside.

Dimensione

Si scrive anche Mayet, Maa, Maet, Maht, Maut.

Dea della verità, della legge, della giustizia e dell'armonia, è la personificazione dell'ordine cosmico.

Maät o **Ma'at** nell'antico Egitto indica il concetto di verità, stabilità, giustizia e ordine cosmico. Compare in testi già nel III millennio a.C.. A partire dal Medio Regno, Maät diventa la misura del ruolo principale del faraone: *mantenere l'ordine cosmico per la fertilità della terra e dei suoi abitanti.* Nella mitologia egizia, **Maät** come dea
è la personificazione di questi concetti. Rappresenta l'ordine cosmico fin dall'inizio dell'universo. In tarda età era considerata la figlia del dio del sole Ra. La sua controparte divina è Isfet, il caos. Maät è spesso citato nel Libro dei Morti egiziano.

Concetto filosofico

Maät (o ma'at), nell'Antico Egitto, è la designazione del concetto che unisce le qualità di *essenza, autenticità, genuinità, linearità, correttezza, verità, stabilità, ordine cosmico, rettitudine* e *giustizia.* Denota la naturale legalità delle cose fin dal loro inizio. Da qui anche la *legge naturale* con cui il cosmo è regolato fin dal suo inizio. Questo principio è sempre invisibile e immutabile sullo sfondo. Come un riflettore, non ha alcun ruolo negli eventi, ma questi ne sono influenzati. Un testo antico dice del maät: *"La* sua bontà e il suo valore erano destinati a durare nel tempo. Non è stato disturbato dal giorno della sua creazione, mentre chi viola le sue ordinanze viene punito".

Il concetto corrisponde alla *Me* in Mesopotamia, la legge del destino che era nelle mani degli dei e che veniva presentata su 12 tavolette con istruzioni, una per mese dell'anno, annualmente al re babilonese al momento della sua reinvestitura.

Non esistono praticamente miti sulla dea Maät perché è sempre rimasta molto più del concetto astratto che rappresenta.

Origine e sviluppo del concetto

Parole geroglifiche

La rappresentazione geroglifica del nome Maät è costituita dalla piuma di struzzo, oppure può essere indicata anche come il bastone di un costruttore o il basamento su cui venivano poste le statue degli dei. L'aggiunta della desinenza -*t* indica solitamente una forma femminile (cfr. *Baalat, Eilat*, ecc.). A volte, come in questo caso, si inserisce una -*a*- in più tra il gambo della parola e la desinenza per facilitare la pronuncia.

Significato

La parola geroglifica "maät" significa principalmente *"ciò che è dritto"* ed è stata probabilmente data come nome allo strumento con cui gli artigiani di ogni tipo mantenevano il loro lavoro nella giusta direzione. È la stessa idea che sta alla base della parola καvωv (canone) presso i greci. Questo termine indicava prima un metro con cui tenere dritto qualcosa, poi una regola come quella usata dai muratori e infine, metaforicamente, una regola o una legge o un canone, qualcosa con cui la vita delle persone veniva tenuta dritta e stretta. Queste idee appartengono anche alla parola egiziana "maät". La dea Maät divenne così la personificazione delle leggi naturali e morali, dell'ordine e della genuinità.

Il Maät era quindi associato anche alla regolarità della legge naturale. La regolarità con cui il sole tramonta e sorge, ad esempio, era espressa nell'immagine di Maät e Thoth che accompagnavano il dio del sole Ra sulla sua barca, pilotata da Horus, nel suo giusto percorso da est a ovest. In qualità di guida del dio del sole, Maät è chiamata *"figlia di Ra"*, *"occhio di Ra"*, *"signora del cielo"*, *"regina della terra"* e *"padrona degli inferi"*. E, naturalmente, era anche la *"Signora degli Dei e delle Dee"*. Con la sua autorità morale, Maät era la più grande tra le dee. Nella sua doppia forma di Maäti (cioè Maät del sud e del nord), divenne la *"Signora della Sala del Giudizio"* e divenne la personificazione della giustizia ultima, dando a ogni essere umano la sua parte. A giudicare da alcune vignette in cui era raffigurata la "pesatura del cuore", a volte assumeva la forma della bilancia stessa.

Personificazione

Maät è la dea che personifica il concetto di veridicità, giustizia e ordine cosmico (ma-at egiziano). Esiste almeno dall'Antico Regno ed è menzionata nei testi piramidali, dove si trova dietro il dio del sole Ra. In generale, Maät può essere vista come l'equivalente femminile di Thoth, con il quale ha avuto origine e, secondo le opere funerarie, entrambi erano al fianco di Ra quando quest'ultimo è risorto dall'abisso di Noen. In seguito viene associata anche a Osiride, che molto presto viene chiamato il *Signore dei maät.* A partire dal Nuovo Regno, viene chiamata *"figlia di Re".* Molto tardi, il suo ruolo è stato equiparato a quello di Iside. Suo marito era solitamente Thoth, il dio degli scribi. Essendo *figlia di Re,* fu scambiata per la sorella del faraone.

Valore faraonico

Sebbene Maät sia menzionato in testi già nel 3e millennio a.C., il collegamento esplicito con la carica di faraone è di data successiva, soprattutto nel Medio Regno.

Il compito principale di ogni faraone era quello di mantenere il maät (l'ordine cosmico) e molti si facevano ritrarre mentre tenevano in mano una piccola statua di maät che offrivano agli dei come segno del loro successo in questo compito (o almeno della loro buona intenzione in tal senso). Era il faraone o il suo rappresentante a essere incaricato della vita e a prescrivere il rituale quotidiano per le divinità in base al principio del maät.

Nel Regno di Mezzo

Il maät era anche parte dei valori faraonici a partire dal Medio Regno. Il faraone doveva difendere la giustizia e l'ordine contro l'ingiustizia e il caos delle terre oltre i confini dell'antico Egitto. Questo concetto emerse durante il primo periodo intermedio, quando divenne chiaro ai nomarchi che solo loro potevano mantenere l'ordine e la legge nel loro nome. I faraoni del Medio Regno aggiungeranno a questo l'idea che l'ordine e la legge debbano essere mantenuti non solo in un particolare nomo, ma in tutto l'Alto e il Basso Egitto, e che il faraone ne sia responsabile. A ciò si aggiunge il fatto che il faraone scopre, attraverso la dea Maät, cosa è giusto e cosa no.

Il re non è più un dio in sé o il figlio di un dio come nell'Antico Regno, ma piuttosto l'intermediario tra Maät e il popolo. Tra l'altro, anche gli dèi dovevano attenersi a Maät e non potevano oltrepassare i suoi confini. Per conoscere la volontà degli dèi - e quindi di Maät - venivano nominati dei sacerdoti che mantenevano il servizio per gli dèi al posto del faraone. Nel frattempo, il faraone doveva garantire il mantenimento dell'ordine. Gli dei lavoravano insieme in modo costellare per mantenere tutto in ordine e questa cooperazione si rifletteva nella collaborazione del faraone con i sacerdoti. Ognuno di essi formava un insieme nella costellazione dell'antico Egitto.

Nuovo Impero

Questo cambia con la dinastia del 18e che introduce una "Nuova Teologia del Sole", non più basata su un'immagine costellativa, ma sulla "volontà del dio". La giustizia connettiva, basata sulla solidarietà, di cui il Maät si faceva portavoce in precedenza, assume ora come interpretazione "la volontà del dio". Il dio può ora intervenire personalmente per fare ciò che è giusto, e ogni persona può raggiungere il dio attraverso la pietà personale, comportandosi in modo giusto. Durante la festa di Opet, che celebrava il rapporto del faraone con il padre divino Amon, per Amon che lasciava il suo tempio di Karnak in una barca per visitare quello di Luxor, le domande dei comuni egiziani venivano sottoposte alla divinità durante le soste nelle "cappelle". I sacerdoti di Amon acquisirono influenza attraverso questi oracoli e il faraone perse di conseguenza parte del suo antico potere. Amenhotep IV, volendo sfruttare questa evoluzione, cambiò il suo nome in Akhnaton e fece di Aton, una divinità che non aveva altra manifestazione che il disco solare, il dio principale del pantheon egizio, e i servizi alle altre divinità divennero subordinati a quelli di Aton. L'unico che poteva conoscere la volontà di Aten era il faraone, e di conseguenza Akhnaton riconquistò il monopolio faraonico sulla teologia. I potenti sacerdoti di Amon non lo ringraziarono, vedendo il loro potere ridursi e quindi cancellarono ogni traccia degli ultimi re della dinastia[e] . Così facendo, i sacerdoti di Amon si assicurarono il monopolio sulla teologia e quindi sui processi di pensiero degli egiziani comuni. Durante il periodo tardo, i sacerdoti di Amon governarono addirittura su gran parte dell'Egitto e la carica ereditaria fu resa quasi dinastica. La sostituzione di questi sacerdoti di Amon con divinità ha impedito la nascita di una nuova dinastia di sacerdoti, poiché le divinità, a differenza dei sacerdoti, non potevano avere figli. La Dea ha adottato il suo successore. Questo permetteva a un nuovo sovrano di far nominare una delle sue parenti femmine come divinità. Nominalmente governavano la regione tebana.

Ruolo nella mitologia

Come il dio Thoth, Maät svolgeva un ruolo importante nella mitologia di Memphis, Eliopoli e Tebe. Tuttavia, non sono stati resi "parenti di sangue" stretti. Rimanevano un po' al di fuori degli alberi genealogici degli dei redatti dai sacerdoti del luogo. A differenza di Thoth, Maät è stato mantenuto più come concetto astratto.

Attributi e simbologia

Simbolo e attributo principale di Maät è la piuma di struzzo, che di solito porta in un cerchietto sulla testa e talvolta in mano, con la piuma che scrive il suo nome. Di solito è raffigurata seduta (nell'Antico Egitto, e anche oggi, *sedersi* significa *avere potere*). In una mano tiene lo scettro e nell'altra l'ancora, segno di vita. In molte raffigurazioni, Maät porta delle ali, ciascuna attaccata a un braccio, che poi spesso allarga, alla maniera di Iside. A volte è anche raffigurata come una donna con una piuma di struzzo al posto della testa. Il simbolismo e l'associazione con la piuma di struzzo non sono stati spiegati finora, ma sicuramente risalgono alla [[5e dinastia egizia]].

Rapporto con gli altri dei

Forse non esistono praticamente miti sulla dea Maät - perché è sempre rimasta molto più del concetto astratto che rappresenta - ma le raffigurazioni lo sono ancora di più. Appare nella maggior parte delle vignette del Libro dei Morti, oltre che su murales e rilievi da Abu Simbel alla Valle dei Re. A volte porta la piuma - da cui è sempre riconoscibile - non sulla testa ma in mano.

È così strettamente associata a Thoth che può essere considerata l'opposto femminile di questa divinità. Era con Thoth nella barca di Ra quando il dio del sole si alzò per la prima volta sopra le acque dello spazio primordiale di Noen.

Associazione con l'aldilà

Gli antichi Egizi avevano diverse concezioni dell'aldilà. Uno sosteneva che, dopo la loro morte, Maät avrebbe pesato i loro cuori su una bilancia con una piuma di struzzo (che incarnava la verità) come contrappeso. Se il cuore era più leggero della piuma, il morto poteva procedere verso i Campi di Iahru. Se il cuore era più pesante, il defunto veniva divorato da Ammit, la personificazione della punizione divina per tutti i peccati.

La bilancia del giudizio

La Bilancia del Giudizio è costituita da una colonna verticale montata in una presa e con un perno a forma di piuma di struzzo attaccato in cima. La piuma simboleggia Maät. Da questo perno, che è attaccato a una corda, pende il Fascio della Bilancia con due scodelle piatte attaccate ad esso con due corde. Nella ciotola di destra c'è la piuma di Maät, oppure è raffigurata in figura la dea seduta, e in quella di sinistra il cuore del defunto che viene pesato. Sulla sommità del piedistallo si vedono in primo luogo la testa della dea Maät, o la testa di Anpu (Anubi), o quella di un ibis, simbolo di Thoth, e in secondo luogo la figura di un babbuino, animale associato a Thoth e che talvolta porta il suo nome.

Il Consiglio di Maät

La sala in cui Maät sedeva nella sua doppia forma per ascoltare la confessione dei morti è spesso descritta in relazione al capitolo CXXV del *Libro dei Morti*. Si trattava di una sala molto spaziosa con una cornice composta da uraei e piume del simbolico maät. Al centro si trova una divinità con entrambe le mani protese su un lago sacro, mentre a ogni estremità della sala siede un babbuino (dio scimmia Hapy) davanti a un paio di ciotole. La porta posteriore da cui è entrato il defunto era sorvegliata da Anubi. Entrambi gli stipiti avevano un nome che doveva essere conosciuto in anticipo dal defunto. Nella *Sala di Maät*, come veniva chiamata, i 42 giudici sedevano in due file, ciascuna su un lato della sala. Si chiamavano *Consiglio di Maät*.

La confessione negativa

Per ognuno di essi, il defunto doveva prestare giuramento solenne di *non aver* commesso una particolare violazione delle leggi. Si tratta della cosiddetta **Confessione negativa**. I nomi dei giudici sono menzionati nel *Papiro di Nebseni* (Brit. Mus. No. 9.900, foglio 30). Dopo la *confessione negativa,* il defunto si è rivolto ai giudici riuniti elencando le sue buone azioni. Davanti a Osiride, a cui si rivolge come *"il Signore della corona di Atef"*, dichiara di aver seguito il maät e di essersi purificato con il maät, e che nessuno dei suoi membri manca di maät. Dice di essere stato nel *"Campo delle locuste"* e di aver fatto il bagno nella *vasca in cui si bagnavano i marinai di Ra*, e descrive tutto ciò che ha fatto, come trovare uno scettro di selce nel *"For di Maät"*.

Per trovare la strada giusta per uscire dalla sala dopo una valutazione positiva, il defunto doveva conoscere i nomi magici delle porte che conducevano alle regioni dei beati.

Rapporto con la giustizia

Hagen ne riferisce: *Il Maät insegna che la legge deve essere pronunciata indipendentemente dal potere. In Europa, la dea è sopravvissuta nella figura della Giustizia, che è diventata un terzo potere accanto al governo e al parlamento nelle democrazie occidentali.*

Culto

Un piccolo tempio di Maätt era stato costruito nel Tempio di Mentut a Karnak, ma tali santuari per il culto formale di questa dea sono poco comuni. Di solito, però, è raffigurata in templi dedicati ad altre divinità. Il titolo di "sacerdote di Maät" veniva attribuito honoris causa a coloro che ricoprivano il ruolo di magistrati o emettevano decisioni legali in suo nome. Spesso portavano una piccola immagine dorata della dea come segno della loro autorità legale.

Teologicamente, il principale segno di culto della dea consisteva nell'offerta rituale da parte del faraone di una piccola immagine di Maät che teneva in mano e offriva agli dei. Nei templi del Nuovo Regno, ciò avveniva principalmente davanti ad Amon, Ra e Ptah.

Maät, a differenza di altre divinità, non era "corruttibile", cioè il principio del *"do ut des"* non si applicava a lei. Si poteva agire secondo le sue direttive o contro di esse, subendone le conseguenze. Ma non si poteva chiedere il suo aiuto o la sua mediazione, come era possibile fare con altre divinità, e le preghiere di ringraziamento o di supplica e i sacrifici erano inutili.

Esistono tuttavia fonti che parlano dell'ingestione di una bevanda sacramentale, simile al soma indiano o all'haoma persiano, che conferiva la purezza rituale a coloro che osservavano la legge di Maät. Gli scrittori egiziani del [[3e millennio a.C.]] hanno scritto: Le *mie parti interne sono lavate nel liquido di Maät.*

I sacerdoti egiziani si passavano sulla lingua una piuma di Maät, immersa in un liquido verde, per dare alle loro parole la forza della verità.

Confronto con altre culture

A parte una possibile somiglianza o relazione con Moet e con il nome Metet, il barcone mattutino del dio del sole, (tradotto come *crescere più forte*) con il quale è stata talvolta scambiata come dea della nascita e corrispondeva alla dea romana Mater Matuta, esistono concetti o dee simili o correlati in altre culture. Per esempio, gli Ittiti chiamavano la Siria settentrionale Mat Hatti (*Madre Hatti*). Come legislatore dell'Antico Egitto, Maät corrispondeva a Tiamat di Babilonia, che consegnò le tavole sacre al primo re degli dei. In questo senso, il Maät aveva una funzione simile a quella del Me della Mesopotamia.

I pigmei africani conoscono ancora Maät con il nome che portava a Sumer come *grembo* e *mondo sotterraneo*: Matu. È stata la prima madre di Dio. Come la sua "sorella" egiziana, a volte aveva la testa di un gatto.

In India, il concetto di *maät* sembra essere molto simile a quello di dharma: l'ordine naturale da mantenere.

Mut

Si scrive anche Maut.

Dea madre dalla testa di avvoltoio, moglie del grande dio Amon e madre di Khons.

I greci identificavano Mut con la loro dea Hera.

Moet o **Mut di Tebe** è una dea della mitologia egizia. Le sue origini sono ancora molto oscure perché non esistono testi che la riguardano prima del Medio Regno. Probabilmente ha assunto il ruolo di Amaunet. Amaunet era la dea originaria che stava accanto ad Amon. Esistono due teorie che cercano di spiegare la genesi di Moet. O la dea era stata concepita come moglie di Amon o era una divinità locale insignificante e il suo culto era in aumento. Era identificata con la regina e nel Nuovo Regno le regine indossavano un berretto da avvoltoio. Era anche associata a Bastet e a Ra, con cui condivideva un albero sacro. La dea aveva un ruolo scarso o nullo nei miti religiosi e la sua influenza era solo nel mondo umano. Insieme a Chonsoe e Amon, forma la Triade di Tebe.

Aspetto

La dea era inizialmente rappresentata come una dea leonessa, ma il suo vero aspetto era umano. In questa manifestazione era la più venerata. Indossava un berretto da avvoltoio con una doppia corona con un cobra di Ureo e un bastone di papiro. I suoi abiti erano di solito leggermente colorati di blu e rosso e decorati con piume. Come dea leonessa, portava un disco solare sul capo con un ureo e un bastone di papiro ed era quindi la controparte meridionale di Sekhmet. In questo modo la terra fu equilibrata.

In tempi successivi, Moet è stato raffigurato come una donna con ali sporgenti (come un insetto), con tre teste e un fallo. Questa forma doveva rappresentare la sua natura aggressiva, in cui era "più potente degli dei". Le raffigurazioni della dea con la testa di gatto erano comuni.

Culto

Nel Medio Regno, c'è un testo in cui Moet è chiamata "padrona di Megeb", una località vicina al 10° nome dell'Alto Egitto (Qaw el-Kebir). Aveva il suo posto anche nei templi di Eliopoli e Giza, e in un grande tempio a Tanis, come contrappunto a Tebe. Era spesso venerata in tutto il Paese insieme ad Amon e Chonsoe, ma il suo culto rimase libero. Il suo principale centro di culto era l'Isheroe, il tempio di Moet a Karnak. Fu una dea politica importante nel Nuovo Regno e poi fino al periodo tolemaico.

Questa dea condivideva con Amon una festa religiosa, la festa di Opet, dove aveva una propria corteccia. Ma aveva anche un suo festival: il "festival per la navigazione di Moet" che si teneva sul lago sacro. Inoltre, ha avuto un ruolo nella festa: "rovesciamento di Apophis", dove ha mostrato la sua natura aggressiva e ha protetto il dio del sole. Si dice anche che avesse un proprio oracolo che risolveva ogni tipo di problema.

Neith

Dea della creazione, della saggezza e della guerra, talvolta ritenuta madre del grande dio del sole Re e associata a Thoth, dio dell'apprendimento e dell'intelligenza.

I greci identificavano Neith con la loro dea Atena.

Neith era un'antica dea egizia di prima delle dinastie, patrona della città di Saïs e di Esna. Dea madre, è talvolta vista come la creatrice del mondo ed è quindi equiparata alla vacca che ha dato vita al demiurgo. Era la protettrice dei tessitori e dei cacciatori. Era anche associata alla guerra. Il suo nome significa letteralmente *tessitrice* e attraverso la tessitura è stata anche associata alla formulazione della scienza razionale. (La parola "testo" deriva anche da *textura*, che significa tessuto).

Neith è rappresentata con sembianze sia maschili che femminili. Portava la corona rossa del basso Egitto. Era la madre del dio coccodrillo Sobek e talvolta era vista come la moglie di Chnoem.

Neith era anche una delle dee protettrici dei canopi. Condivideva questa funzione con Iside, Nefti, Selket e i quattro figli di Horus, ma lei stessa era principalmente associata allo stomaco, che proteggeva con Doeamoetef.

Neith era chiamata anche Anatha, Ath-enna, Athene, Medusa. Il suo nome, secondo gli Egizi, aveva come significato "sono uscita *da me stessa*". Era il Noen primordiale da cui emerse per la prima volta il sole o "*la mucca che partorì Ra*". Era lo spirito dietro il velo, che nessun mortale poteva vedere direttamente. Si è definita "*tutto ciò che era, è e sarà*". Il suo simbolo era portato come totem da un clan preistorico e il suo nome dalle due regine della prima dinastia.

I greci la conoscevano come Nete, una delle tre muse di Delfi.

Nella Bibbia ebraica, era chiamata Asenath (Iside-Neith), "la grande dea della città di Aun", coniata *On*. Il suo sommo sacerdote Potifar fu dichiarato suo "padre" e Giuseppe suo marito.

Nekhbet

Si scrive anche Nekhebet o Nechbet.

Dea incoronata dell'Alto Egitto e protettrice del parto

Nechbet o **Nekhbet** (*Nḫbt*), scritta anche "Nechebit", era la dea probabilmente più antica della mitologia egizia, originariamente venerata localmente nel periodo pre-dinastico (circa 4000-3300 a.C.) a Necheb (l'attuale sito di El-Kab situato a 80 km a sud di Luxor), capitale del terzo Nomos, di cui era dea protettrice e in cui si trovava anche il più antico oracolo. Il suo nome significa "*quella di Necheb*".

Era la dea avvoltoio che rappresentava in ultima istanza il sud (Alto Egitto) e il cui simbolo ornava la fronte del faraone dall'unificazione con il nord (Basso Egitto) insieme all'ureo del Wadjet venerato in quel luogo. Queste due dee, chiamate insieme le Due Donne, costituivano anche il preambolo di uno dei cinque nomi del faraone: il nome nebty o geroglifico per "delle Due Governanti...".

Almeno a partire dall'Antico Regno, si sviluppò uno stretto legame con la regalità e Nechbet fu associata alla Corona Bianca come dea della corona. Nei testi piramidali è raffigurata come una Dea Madre con una rappresentazione sotto forma di una grande mucca bianca. I greci la equiparavano a Eileithyia.

Nome ed epiteto

97

Nechbet, infatti, non è un nome ma un riferimento: "Quella di Necheb". La dea madre in questione era chiamata anche "il Segreto". Inoltre, in alcuni papiri sono stati trovati questi epiteti:

- Il Bianco di Nechen
- L'argento
- Signora della Grande Casa
- Arci-conciliatore (indica i popoli che unisce)
- Grande mucca selvatica/ che risiede a Necheb (Testi delle piramidi 729a, 911 e 1566a).

Nebet-Schemau (*Nbt-Šm⸢w*) era il titolo della *Signora dell'Alto Egitto.*

Il suo segno zodiacale era *Huret,* con il quale era anche equiparata a Neith. I Greci l'hanno equiparata a Eileithyia quando hanno trovato immagini in cui nutre e protegge il divino Faraone bambino. A causa del suo stretto legame con la Luna, è stata storicamente equiparata a Selene.

Immagine e attributi

Nechbet, soprattutto nei primi tempi del suo culto, era raffigurata come un avvoltoio e indossava l'anello shen, un simbolo di eternità adottato in seguito da numerose altre divinità.

Alan Gardiner ha identificato l'avvoltoio utilizzato nell'iconografia religiosa come un grifone (in inglese *Griffion vulture, suggerendo* un collegamento con il successivo grifone). Dopo essere stata collegata alla dea Cobra, è stata anche raffigurata come un serpente, ma poi ha indossato la corona bianca per maggiore chiarezza. Con le ali spiegate, come un serpente significa la protezione della regalità. Anche i due serpenti attaccati al simbolo del sole alato sono talvolta considerati rappresentanti di Nechbet e Wadjet.

In forma antropomorfa, la dea era raffigurata come una donna con un cappuccio da avvoltoio sul capo, forse anche la corona bianca, e le ali.

All'epoca del Nuovo Regno, l'avvoltoio compariva accanto all'ureo sul copricapo con cui venivano sepolti i faraoni defunti. Tradizionalmente, questo richiamava le due dee della terra Wadjet e Nechbet, ma secondo Edna R. Russmann, in questo contesto più recente, si dovrebbe piuttosto pensare a Iside e Nefti, due dee che da allora sono state associate ai riti funebri.

Di solito Nechbet appariva come un avvoltoio ad ali spiegate dipinto sul soffitto dei templi e sopra l'immagine del re (o dei re), con un anello shen tra gli artigli (che simboleggia l'infinito o il "tutto" o "tutti"). In quanto dea protettrice del faraone, era vista anche come l'aspetto divino del sovrano. In questa veste era la *Madre delle Madri* ed era equiparata alla *Grande Vacca Bianca di Necheb*.

In alcuni testi del Libro dei Morti egiziano, Nechbet viene definita "Padre dei padri, Madre delle madri, che esiste dal principio e ha creato questo mondo".

Culto

Nell'Egitto predinastico la parola "avvoltoio" era *Mut*, conservata nel nome della dea Mut di Tebe. Le sacerdotesse della dea Nechbet erano chiamate "muu" (madri) e svolgevano i loro rituali con abiti fatti di piume di avvoltoio egiziano.

A Necheb, originariamente una *necropoli* o città dei morti, l'oracolo più antico dell'Egitto si trovava nel santuario di Nechbet, la dea madre di Necheb. La necropoli costituì, verso la fine del Periodo protodinastico (3200-3100 a.C. circa) e probabilmente anche del Primo periodo dinastico (3100-2686 a.C. circa), l'equivalente di Nechen, la capitale politico-religiosa dell'Alto Egitto. L'insediamento originario nel sito di Nechen risale a Naqada I o alla tarda cultura Badari. Al suo apice, intorno al 3400 a.C., la città contava almeno 5.000 abitanti, forse il doppio.

Man mano che il luogo di culto acquisiva importanza e la dea madre diventava la dea della terra di tutto l'Alto Egitto, in molti altri luoghi sorsero santuari a lei dedicati e furono costruiti templi.

Secondo Wilkinson, il centro di culto di Nechbet aveva un tempio-santuario di notevoli dimensioni a El Kab, anche se oggi ne rimane poco. Non è stato trovato nulla dei santuari che sicuramente sorgevano in quel luogo nei tempi più antichi, ma sono state trovate rovine risalenti al periodo dinastico successivo. Del Medio Regno e del Nuovo Regno rimangono solo tracce.

Dopo che Nechbet divenne la dea protettrice dell'Alto Egitto, aveva senso che, quando i due Paesi furono uniti, lei e il suo equivalente del Basso Egitto, Wadjet, formassero la coppia chiamata le Due Donne.

In origine, Nechbet era strettamente imparentato con Moet e Tefnoet. Il dio del mattino Hapi le fu assegnato come marito e la ninfea, emblema dell'Alto Egitto, come pianta.

Nephthys

Nephthys non è solo una dea della morte, della decadenza e dell'oscurità, ma anche una maga con grandi poteri di guarigione.

Nephthys è la forma greca di Nebt-het o Nebhet, che significa "signora della casa".

Nefti (in greco), **Nebthet** o **Nebet-het** (in egiziano "signora della casa") è la dea degli inferi e della nascita nella mitologia egizia. È la figlia del cielo e della terra e la sorella di Iside. Spesso viene raffigurata con quest'ultimo. Nephthys era raffigurata con una veste simile a quella della morte e il suo attributo è il falco. Sposò il fratello Seth, con il quale ebbe il figlio Anubi.

Sebbene Nefti fosse sposata con il nemico di sua sorella e dell'altro fratello - Iside e Osiride - aiutò Iside, così come sua figlia Anubi, quando Seth uccise Osiride e lo fece a pezzi in tutto l'Egitto. Insieme al marito e ad altre divinità, apparteneva all'Enneade di Eliopoli.

Era anche una delle dee protettrici dei canopi. Condivideva questa funzione con Iside, Neith e Selket. Proteggeva il dio Hapy, uno dei quattro figli di Horus, che proteggeva i polmoni dei defunti.

Nut

Dea del cielo e consorte del dio della terra Geb, suo fratello gemello.

I greci identificavano Nut con il titano Rea, la madre dei loro dei.

Noet era la dea del cielo nella mitologia egizia. Shu e Tefnut erano suo fratello e sua sorella. Era sposata con suo fratello Geb, il dio della terra, e aveva quattro figli: Osiride, Iside, Seth, Nefti . Lei e tutte queste appartenevano all'Enneade di Eliopoli.

Noet era raffigurata come una donna che si chinava sulla terra, ma poteva anche essere rappresentata come una mucca. A questo proposito, va menzionato anche il cosiddetto *Libro della vacca del cielo.* Simboleggiava lo spazio attraverso il quale viaggiava il dio del sole. Durante il giorno, navigava sul suo ventre e ogni sera Noet inghiottiva il sole facendo buio. Il sole rimase dentro di lei durante la notte e nacque dal suo grembo il giorno successivo.

L'immagine di Noet è comune sui monumenti, soprattutto nella Valle dei Re.

Oltre al concetto di dee che hanno generato ("*partorito*") altre divinità specifiche, esiste anche l'idea di una "*Madre degli dei che ha generato tutti gli dei*". Ad esempio, la dea Noet, che secondo i testi delle piramidi ha generato il sole e secondo i testi dei sarcofagi anche la luna, porta spesso l'epiteto di "*colei che ha generato gli dei*". Questo si riferisce ai corpi celesti che la dea del cielo "porta" e "inghiotte" quotidianamente (un'idea che porta alla rappresentazione di Noet come una "scrofa celeste"). Noet o Nuit contrasta mitologicamente con le divinità venerate in seguito, dove un "padre celeste" svolge sempre un ruolo.

Renpit

Una dea che personifica il passaggio dell'anno e, di conseguenza, la misurazione del tempo.

Renpit è una dea della mitologia egizia che rappresenta l'eternità, ma anche l'era divina e reale. Il suo nome deriva dal geroglifico *Renep* (codice M4 della lista Gardiner).

Immagine

La dea è raffigurata in ginocchio tra due rami di palma dentellati. Alla base dei rami di palma si vedono spesso uno shenring e due cobra. Lo shenring rappresenta l'eternità e il cobra il milione.

Ruolo religioso

Era associata al dio primordiale Thot di Memphis e al dio Hoe. Questa iconografia simboleggia il concetto di "tempo".

Sekhmet

La dea del fuoco (o del sole) con la testa di leone, associata alla guerra, alla pestilenza e alle fiamme.

Sechmet (*la Potente*), anche **Sekhmet**, **Sakhmet**, **Moet-Sechmet** o **Hathor-Sechmet**, è una dea della mitologia egizia, chiamata anche **Occhio di Ra.** È la moglie di Ptah e per alcuni era considerata la madre di Nefertem. Sechmet aveva una testa di leone ed era la dea del castigo, delle malattie e delle leonesse. Agli occhi degli Egizi, era una dea molto potente. Sechmet simboleggiava il potere distruttivo del sole. Il suo culto si è svolto principalmente a Memphis.

Sechmet è la forma distruttiva della dea Hathor o Moet, figlia di Ra. Nella mitologia egizia, il dio del sole Ra fu il primo faraone, ma col tempo il suo corpo umano invecchiò e la gente lo cacciò via. A questo punto, inviò Hathor sotto forma di Sekhmet sulla terra, dove la dea sfogò la sua sete di sangue sugli umani. Alla fine gli dei le fecero bere un lago di birra, che Sekhmet pensava fosse sangue, per fermare il massacro.

Nel corso del tempo, gli egiziani hanno venerato Hathor e Sekhmet come due divinità diverse, sebbene in origine fossero aspetti della stessa divinità. Sekhmet poteva causare malattie, ma veniva anche spesso invocata per curarle. Nella sua forma di guarigione, era conosciuta anche come Werethekau.

Selket

Si scrive anche Selkit, Serqet, Selqet, Selquet e Selkis.

Dea dalla testa di scorpione, protettrice del giovane dio Horus e compagna devota di sua madre, la dea Iside.

Nell'Antico Egitto, **Selket** era una dea benigna rappresentata come una donna con la testa di scorpione o uno scorpione con la testa di donna. A volte viene raffigurata senza coda.

Proteggeva le persone sulla terra dai morsi velenosi e, con le altre dee protettrici Iside, Neith e Nefti e i quattro figli di Horus, vegliava sui canopi contenenti le viscere dei defunti.

Le sue sacerdotesse erano specializzate nel trattamento delle punture di insetti e scorpioni. Il loro trattamento consisteva in aspetti magici e medici.

Imposta

Nella mitologia egizia, il dio **Seth** era il fratello di Osiride. Uccise il fratello e ne fece a pezzi il corpo, che sparse per tutti i nomen (regioni) dell'Egitto. Iside cercò di ricomporre le parti del corpo, ma non trovò i genitali di Osiride, che erano stati inghiottiti da un pesce. Ricreò i genitali dall'argilla e, grazie alla sua abilità e alla magia di Thoth, riuscì a rimanere incinta. Da qui nacque il figlio Horus. Questo ha combattuto con Seth e lo ha sconfitto. Seth, come sua moglie Nephthys, appartiene all'Enneade di Heliopolis

Seth era visto come il dio del deserto, del caos, dell'aridità, della polvere e del terreno sterile e come un nemico dell'uomo. È raffigurato come un uomo con la testa di animale. Non si sa quale animale abbia fatto da modello, anche se è stato ipotizzato che possa trattarsi di un toporagno o di un oritteropo. Anche i maiali e gli asini gli erano dedicati e svolgevano un ruolo nel suo culto. L'avversione per il maiale nelle religioni successive potrebbe avere qualcosa a che fare con questo.

Tuttavia, in alcuni miti Seth è anche considerato il dio che ogni notte protegge Ra dal demone serpente Apophis mentre viaggia attraverso gli inferi con la sua barca solare. Questo viaggio era la spiegazione che gli antichi egizi davano del tramonto e del sorgere del sole.

È possibile che in epoca predinastica ci sia stata una battaglia tra i seguaci di Seth e di Horus e che il secondo abbia sottomesso il primo. Il mito della battaglia tra Horus e Seth potrebbe riferirsi a questo. Nella seconda dinastia, c'è un re (Peribsen) che - a differenza di tutti gli altri re - scrisse il suo nome con sopra un animale di Seth, anziché un falco di Horus. Il suo successore si chiamava Chasechemoey (*entrambi i poteri soddisfatti*). Ha scritto il suo nome con entrambi gli animali sopra. Forse questo riflette una ripresa dell'antagonismo tra i sostenitori di Seth e Horus, che è stato eliminato da Chasechemoey.

Seth era ampiamente venerato, tra l'altro, nel Delta del Nilo nord-orientale, un'area in cui vi erano molti contatti con i popoli vicini. All'epoca degli Hyksos, questi sovrani asiatici sostenevano il culto di Seth e, in parte per questo motivo, il suo culto è stato più o meno sotterraneo all'epoca del Rinascimento saïtiano. A quel tempo, Seth era sempre più visto come il dio del male - una sorta di diavolo -. Nel millennio intercorso tra gli Hyksos e i Saïs, tuttavia, non è stato certamente sempre così. Per esempio, all'epoca dei Ramessidi, Seth era il dio protettore della famiglia reale e diversi faraoni portavano il nome di questa divinità poi controversa, tra cui il padre di Ramses II, Sethi I, ma anche il faraone Sethnacht.

Tefnut

Si scrive anche Tefenet.

La dea dell'umidità e delle precipitazioni

Tefnoet o **Tefnut** era la dea dell'umidità nella mitologia egizia. Discendeva da Atum.

Mitologia

Secondo la teologia eliopolitana, Tefnut o Tefnut era figlia di Ra e sorella-moglie di Shu, ma è una divinità misteriosa: dalla sua vagina creò l'acqua limpida per il re defunto, ma la sua identità era altrove. La sua prima apparizione nei testi dell'Antico Egitto è nei testi delle piramidi, dove rappresentava l'atmosfera del mondo inferiore, mentre Shu rappresentava il mondo supremo. Secondo un'altra storia, Shu e Tefnut sarebbero nati come due leoni. Tefnoet divenne quindi l'Occhio di Ra.

Il culto

Il centro di culto di Tefnoet era a Eliopoli, dove aveva un santuario con l'Enneade, e a Leontopoli nel Delta. Lì era venerata insieme al fratello e al marito come due leoni. Gli amuleti di Tefnoet sono noti nel periodo tardo, ma in realtà erano popolari soprattutto a livello locale.

Immagine

Tefnut era solitamente raffigurato in forma umana, spesso con la testa di una leonessa. In piena forma umana, indossava un disco solare e un ureo sul capo. La dea poteva anche essere raffigurata come un serpente che si avvolge intorno a uno scettro, e talvolta come un serpente con la testa di una leonessa.

Divinità con forme maschili e femminili

Anubi

Chiamato anche Anpu o Anup.

Il dio dell'imbalsamazione con la testa di sciacallo che guidava le anime dei morti nel regno sotterraneo del padre Osiride.

Sebbene il nome del dio sia tradotto nei testi come Anubis, si tratta in realtà della forma greca del nome egizio Anpu. Greci e Romani continuarono il culto del dio in epoca classica. A Roma esisteva un ex voto a lui dedicato e gli scrittori latini Plutarco e Apuleio lo citano nelle loro opere.

Anubi (greco: Ἄνουβις; egiziano: ìnpw) è un dio della mitologia egizia. Era raffigurato come uno sciacallo o come un umano con la testa di sciacallo. Lo sciacallo è uno spazzino e probabilmente l'associazione con questo animale era piuttosto quella di proteggere i morti dalla distruzione.

Mitologia

Prima che Osiride diventasse importante, Anubi era il principale dio della sepoltura. All'inizio, probabilmente, si limitava a interferire con le sepolture e a seguire il re negli inferi. Si dice che il nome "Anubi (Inpu)" sia legato

113

alla parola "figlio del re" nella stessa relazione con Osiride. La testa di sciacallo è stata scelta a causa degli sciacalli che nel deserto scavavano nelle tombe degli antichi re. L'altro dio sciacallo era Wepwawet. Nell'Antico Regno, le preghiere erano scritte sulle pareti delle mastabe e Anubi era citato molto spesso nei testi delle piramidi.

Alla fine, il culto di Anubi si assimilò a quello di Osiride, che si diceva fosse il padre di Anubi e che Anubi lo imbalsamasse. Esistono diversi miti sulla sua discendenza. Secondo un testo, era figlio di Hesat e Bastet, secondo altre fonti era figlio di Seth o Ra con Nefti (secondo una fonte di Plutarco). Era il figlio illegittimo di Osiride e di Nefti, la sorella di Iside. Iside aveva scoperto che Osiride l'aveva tradita, ma Nefti, non volendo il bambino per paura del suo consorte Seth, lo aveva nascosto. Iside trovò Anubi e si prese cura di lui. Anubi avrebbe anche fatto in modo che Osiride tornasse in vita, diventando la prima mummia.

La funzione della morte di Anubi si riflette perfettamente nei titoli che gli sono stati attribuiti:

- *Predecessore degli occidentali*, per via delle tombe sulle rive a ovest del Nilo;
- *Signore della Terra Santa*: domina i deserti;
- *Colui che è sul monte santo*, basato su uno sciacallo su una montagna che tiene d'occhio le cose;
- *Sovrano degli archi*: sovrano dei popoli stranieri intorno all'Egitto.

Venerazione

Anubi era particolarmente amato nel XVII nomos dell'Alto Egitto, dove si conserva anche un interessante documento di topografia religiosa, il *papiro Jumilhac*. Anubi era il patrono di quel nomos: Cynopolis o el-Qeis. La sua religione fu adottata in tutto il Paese. Le numerose cappelle e immagini del dio lo dimostrano. Anubi divenne il patrono degli imbalsamatori e, nelle necropoli melfitane, gli fu tributato un culto anche presso l'*Anubieion* di Memphis nel periodo tardo. Sono state trovate anche maschere del dio, che i sacerdoti indossavano durante l'imbalsamazione del re. Il dio aveva anche a che fare con la nascita, almeno nell'Antico Regno secondo la *pietra di Palermo*.

Immagine

Il dio Anubi poteva essere raffigurato in vari modi: come un uomo con la testa di sciacallo, come uno sciacallo (poi diventato cane presso i Greci,

114

che non vedevano la differenza) e come un uomo in trono con uno scettro di cera. Il dio è spesso raffigurato nella *Sala della Verità*, dove veniva pesata l'anima del defunto. Era spesso raffigurato accanto a Osiride e Thoth. In epoca greco-romana (Alessandria), era raffigurato in armatura come divinità protetta che vegliava su Horus.

Kek

Kek (*mv:* **Kekoe**, *syn:* **Koek** o **Kekoei**) nella mitologia egizia era il concetto di oscurità dello "spazio primordiale" o dell'oceano primordiale.

Come concetto, Kek era considerato maschio e femmina allo stesso tempo (androginia). Tuttavia, lui e la sua controparte femminile **Keket** (anche **Kaoeket** o **Kekoeit**) facevano parte dell'Ogdoade di Hermopolis, un gruppo di otto divinità primordiali.

Come le quattro divinità primordiali maschili dell'"ogdoah", anche Kek era rappresentato con la testa di rana o come una rana, mentre Keket, come le quattro divinità femminili, è raffigurato con la testa di serpente o come un serpente.

Simbolo divinizzato dell'oscurità, Kek rappresentava anche l'oscurità della conoscenza, dell'ignoranza e del caos.

Nun

Il caos acquatico primordiale da cui è stato creato l'universo

Noen o **Nun**, anche **Nau**, **Noe** o **Nu**, era la denominazione dell'acqua primordiale nella mitologia egizia, con la sua controparte femminile **Noenet o Naunet**. Insieme, formavano la più importante delle quattro coppie di divinità primordiali dell'ogdoade di Hermopolis.

È stata descritta come "l'incommensurabile oscurità". In essa è apparso un lampo, che ha provocato la luce da cui è emersa tutta la vita. Anche gli dèi sono sorti solo in un secondo momento.

Dall'oceano primordiale emerse un'isola, il monte Benben, e su di essa apparve Atoem o Tem (*il non-essere o il "tutto"*). Il mondo è stato creato dalla masturbazione del dio Min.

La rigenerazione non era possibile nel mondo ordinato e definito. È stato possibile solo quando ciò che era vecchio e logoro è stato immerso nelle regioni sconfinate che circondano il mondo creato, ovvero il potere curativo e dissolvente dell'oceano primordiale Noen. Così, il dio del sole veniva elevato nella sua barca ogni mattina, come illustrato nel *Libro delle*

Porte. Anche chi ha dormito è ringiovanito a Noen. In un inno ramsidico, i defunti invocano il dio del sole affinché anch'essi ringiovaniscano scendendo nel Noen. Si tolgono la loro precedente esistenza e ne indossano un'altra, come un serpente fa con la sua pelle. Non a caso, nell'*Amdoeat ("Libro della Camera Segreta")* l'elemento di ringiovanimento avvolgente è raffigurato come un serpente. Questo misterioso processo è rappresentato in numerose immagini: il passaggio del sole attraverso la notte può avvenire nel corpo della dea del cielo o in quello di un gigantesco coccodrillo.

Oltre al concetto di dee che generavano altre divinità specifiche, esisteva anche l'idea di una *"Madre degli dei che generava tutti gli dei"*. Ad esempio, la dea Noet, che secondo i testi delle piramidi ha generato il sole e secondo i testi dei sarcofagi anche la luna, porta spesso l'epiteto di *"colei che ha generato gli dei"*. Si riferisce ai corpi celesti che la dea del cielo quotidianamente "porta" e "inghiotte" di nuovo (un'idea che porta alla rappresentazione di Noet come una "scrofa celeste").

Al dio Noen, soprattutto a partire dal Medio Regno, viene attribuito l'epiteto equivalente di *"padre di tutti gli dei"*, che si applicava anche ad Atum, Geb, Shu e Amon, Ptah e Horus, cioè agli dei della creazione. Il Noen era considerato l'acqua primordiale in cui tutti gli dei trovano la loro origine e forma divina.

Divinità minori (maschio)

Apopis

Si scrive anche Apep, Apop, Apophis o Aapef.

Un gigantesco serpente, il principale demone della notte e il principale nemico del dio Sole Re.

Apophis è il nome greco dell'egiziano Apopis.

Apophis o **Apepi** è un demone serpente gigante della mitologia egizia. È più comunemente conosciuto con il nome greco di Apophis. Apophis era considerato l'antagonista degli dei del sole Aton e Ra, e come tale era un simbolo dei poteri oscuri. Apophis tentava di inghiottire il dio del sole all'alba e al tramonto, mentre di notte viaggiava attraverso gli inferi. Se Apophis avesse avuto successo, il sole non sarebbe più sorto e il mondo sarebbe diventato senza vita. Fortunatamente, Ra protesse il dio del sole ed espulse il mostro. Il sangue del demone ferito colorò di rosso il cielo come prova della vittoria di Aton.

Il dio fu visto per la prima volta sui muri nel Medio Regno. Il dio era venerato da alcuni come divinità della fertilità in tempi di panico e povertà (quando il Nilo non scorreva). Nel Nuovo Regno, questa divinità è più comunemente raffigurata sui muri vicino ai faraoni. In Egitto il dio era generalmente conosciuto come il Dio del Caos.

Aspetto

120

Apophis è raffigurato come un grande serpente che si contorce. Il contorcimento sottolineava che il serpente era molto grande. Diversi tipi di serpenti sono serviti come modelli per questo dio. Apophis è sempre raffigurato in stato confusionale e in lotta con Ra o con un altro dio, nel qual caso ha diversi coltelli nel corpo.

Venerazione

L'anti-dio non era venerato nei templi di una città, ma era raffigurato nei templi, dove veniva combattuto da varie divinità. Il dio aveva un proprio libro, il "Libro di Apophis", che conteneva vari incantesimi in grado di distruggere Apophis.

Nel Libro dei Morti esiste anche un incantesimo per combattere questo dio. In epoca tarda, gli incantesimi venivano elencati nei templi per proteggere il mondo (Egitto).

Apis

Il più famoso dei tori sacri dell'Egitto, considerato l'incarnazione del dio Ptah e venerato come un dio nel tempio di Ptah nell'antica città di Memphis.

Apis è una divinità egizia, rappresentata come un toro con un disco solare tra le corna.

Nella storia antica, il toro era considerato un simbolo di fertilità. I re dell'Antico Regno erano spesso identificati con il toro e raffigurati come tali. I governanti del Nuovo Regno erano spesso soprannominati "Toro forte". Apis rimase una divinità locale per tutta la storia egizia. Tuttavia, la situazione cambiò durante il regno tolemaico. Allora il culto del toro Apis divenne un vero e proprio culto.

Nella scelta di un nuovo toro Apis, si è tenuto conto dei seguenti fattori: doveva essere ragionevolmente giovane (poco più di un vitello), doveva essere un toro nero e avere un triangolo bianco sulla fronte. Se il nuovo Apis veniva trovato, veniva annunciato pubblicamente e a Memphis si organizzava una grande festa per celebrare il lieto evento. Il toro stesso non ha dovuto fare nulla per tutta la sua vita ed è stato debitamente coccolato dai suoi stessi sacerdoti. Se il toro morì, questo fu nuovamente annunciato pubblicamente e furono indetti diversi giorni di lutto nazionale. Il toro fu poi mummificato e inumato in un mausoleo dove giacevano anche i suoi predecessori, nella necropoli di Saqqara. Fu poi ulteriormente venerato dai suoi stessi sacerdoti della morte.

Il toro Sacro Apis di Memphis è stato accreditato con più tratti. Era quindi considerato l'incarnazione terrena del dio Ptah.

Poiché il toro formava un legame con Osiride dopo la sua morte, era considerato anche un dio della morte. Era questo toro che portava sul dorso la mummia di un defunto per essere seppellita.

Metamorfosi

Nelle *Metamorfosi dello* scrittore romano Ovidio, alla fine del Libro I e all'inizio del Libro II, si racconta che Io, l'amante di Giove, dovette fuggire in Egitto sotto forma di mucca per sfuggire all'ira di Giunone, moglie di Giove. In Egitto, Io tornò umano e fu venerato come la dea Iside. Suo figlio da Giove fu Epafo, o Api. Epafo offese Fetonte, che allora chiese a suo padre Elio, il Sole, di guidare il suo carro solare per un giorno, con conseguenze devastanti per la Terra.

Aker

Aker era un dio egizio. Il dio è stato coniato nel periodo predinastico in modo simile al dio Min. Aker non è menzionato nei testi piramidali, ma è presente nelle pitture tombali.

Aker è rappresentato da due leoni seduti di spalle. Altre varianti sono:

- Un paese (ta) con una testa di leone all'estremità
- Un leone con due teste umane

Ruolo del dio

Il dio Aker rappresenta gli orizzonti occidentale e orientale. Gli antichi Egizi credevano che il sole viaggiasse di notte attraverso un tunnel nella terra, un tunnel con una porta occidentale (dove il sole entrava) e una orientale (dove usciva). Queste due porte erano rispettivamente sorvegliate da un dio leone, che insieme formavano Aker. Il faraone poteva utilizzare queste porte anche nel suo viaggio verso il regno dei morti, che Aker apriva per lui quando pronunciava gli incantesimi giusti.Poiché personificava gli orizzonti, che erano le entrate e le uscite degli inferi, svolgeva un ruolo importante nella sfera funeraria. L'effigie dei due leoni è spesso utilizzata anche all'ingresso di templi e palazzi. Oltre a rappresentare l'orizzonte orientale e occidentale, Aker era noto anche per essere in grado di assorbire il veleno dei morsi di serpente o di neutralizzarlo in caso di ingestione.

Culto

Aker era un dio che non veniva venerato. Non aveva un centro di culto, ma era visto più come un elemento dei testi dopo la morte.

Banebdjedet

Banebdjedet (Banedbdjed), nella mitologia egizia, era l'antico dio ariete venerato soprattutto nel Delta del Nilo. Banebdjedet significa "il ba Signore di Djedet" (la città di Mendes). Poiché l'onomatopea "*ba*" (come "spirito" o "anima") suonava come la parola "ba" che significa "ariete", il dio era visto nella mitologia come rappresentante dell'anima di Osiride. Nel periodo tardo, tale associazione fu estesa a quattro manifestazioni dell'anima, ovvero quelle di Re, Osiride, Shu e Geb - un aspetto della natura di Banebdjedet che contribuì in modo significativo alla sua importanza. Questi furono i primi quattro dèi a governare l'Egitto, per i quali si trovano grandi santuari di granito nel santuario di Banebdjedet. Il dio equivalente dell'Alto Egitto era Chnoem.

Iconografia e funzione

Il *Libro della Vacca Celeste* descrive l'"*ariete di Mendes*" come il Ba di Osiride. Banebdhedet era raffigurato come un ariete o un uomo con la testa di ariete, o come una testa di ariete da sola. Dal Nuovo Regno sono sopravvissute immagini con quattro teste, due che guardano avanti e due che guardano indietro, per esprimere le anime delle quattro divinità che egli rappresentava. Come dio ariete, a Banebdhedet venivano attribuiti anche forti poteri sessuali. Fu a causa delle connotazioni sessuali del culto che i primi cristiani demonizzarono Banebdjedet.
 Una voce del papiro Chester Batty I conservato nel Tempio di Ramses III (Medinet Haboe) tratta dei "litigi tra Horus e Seth". In questo mito del Nuovo Regno si discute su chi dei due debba ricevere il trono e qui Banebdhedet svolge un ruolo importante come mediatore degli dei per chiedere consiglio a Neith. Si augurava la pace e sosteneva che se gli dèi avessero trascurato il ma'at sarebbero arrivate delle catastrofi. Ma man mano che la discussione procedeva, Banebdhedet emergeva sempre più forte con la sua preferenza per Seth, perché si diceva che fosse il più anziano.

In una cappella del Ramesseum, una stele mostra come il dio Ptah assunse le sembianze di Banebdjedet, per la sua virilità, per poi avere rapporti sessuali con la regina Thuja che avrebbe dato alla luce Ramses II. La stele dovrebbe confermare l'origine divina di questo faraone.

Culto

Il centro del culto di Banebdjedet era a Mendes (l'odierna Tell el-Rub'a), nel Delta settentrionale. Qui il dio era venerato insieme alla sua sposa, la dea delfino Hatmehyt, e al figlio Arpocrate. È stato scoperto un cimitero con sarcofagi per gli arieti sacri del dio. Ma ci sono poche reliquie del suo culto. Secondo lo scrittore greco Pindaro, l'ariete poteva avere rapporti sessuali con le donne durante i rituali del suo culto, ma nelle fonti egizie non esiste alcuna traccia di ciò.Nel Delta, Banebdjedet rimase una divinità importante, ma fu gradualmente sostituito dalle divinità dell'ariete provenienti dall'Alto Egitto. Gli amuleti a testa di ariete del periodo tardo rappresentano probabilmente questa divinità, almeno quando raffigurano la natura quadrupla della divinità con quattro teste.

Bacca

Dio nano benevolo associato al parto, alla musica e alla danza, alla giovialità, alla gioia e al piacere.

Bes o **Bisu** (in greco antico Βησάς) è una delle più antiche divinità del pantheon della mitologia egizia.

Immagine e funzione

Berry è raffigurato come un nano timido con una grande barba da leone, naso piatto, lingua sporgente, sopracciglia ruvide, grandi orecchie sporgenti, braccia lunghe e spesse, gambe piegate e coda. A volte indossa una pelle di pantera. Sul capo porta una corona con alti pennacchi, che ricorda molto l'acconciatura della dea Satet, anch'essa membro della triade divina di Elefantina. Era un dio associato alla gioia e al vino, oltre che alla nascita e alla paura dei demoni e di altri nemici.

È il tipo di uomo sudanese allegro e ben fatto, che ama il buon cibo e le bevande, il divertimento, le feste e l'intrattenimento, e che era sempre pronto a fare l'amore e a combattere i suoi nemici.

Origine e culto

La sua forma pigmea e la sua pettinatura indicano che si tratta di una divinità di origine sudanese. Non c'è dubbio che il suo culto sia molto antico. Di solito, a differenza di altre divinità egizie, è raffigurato di fronte, come la dea nuda Qetesh e poi appare come danzatore o suonatore di musica. Suonava la lira e l'arpa e probabilmente si esibiva come cantante tribale. Come soldato, indossa una corta tunica con cintura e tiene una corta spada nella mano destra e uno scudo nella sinistra.

Bes non è mai stato un dio il cui sacerdozio ha giocato un ruolo importante, ma era popolare tra la gente comune, soprattutto in epoca tarda. A quei tempi, soprattutto nelle oasi occidentali, si sviluppò un culto intorno a Bes. Solo nell'oasi di Bahiria c'è un piccolo tempio a lui dedicato. Per il resto, Bes era una divinità patrona popolare spesso invocata. Si sono trovati numerosi piccoli amuleti o statuette che lo raffigurano. Era anche raffigurato sulla testiera dei letti come figura apotropaica (che combatte i guai). Sono state trovate anche piccole foglie di papiro con incantesimi che servivano come preghiere di tiro.

La prima menzione di Bes proviene dal Testo delle Piramidi (§ 1768 c), che parla della "coda di Bes".

Nel regno di Thutmose I, è associato alla dea ippopotamo Taweret o Apet ed entrambi si trovano nella sala parto dove sta per nascere la regina Hatshepsut. Ma il nano o pigmeo deve essere stato associato a una credenza popolare sudanese molto antica. Il re Assa (V dinastia) inviò un inviato di alto livello nella "Terra degli Spiriti" in Sudan, che tornò con un pigmeo che danzò per lui "la danza del dio". Anche un altro inviato, Herkhuf, portò un pigmeo a Pepi II a Memphis. Nei Testi delle Piramidi, tre faraoni sono identificati con "il nano della danza del dio che ha evitato il cuore del dio". (§ 1189 a). Come è noto, la danza in Sudan e in altri luoghi era un atto di devozione. Thutmose III danzava per la dea Hathor.

Sotto il Nuovo Regno, gli attributi di Bes subirono cambiamenti significativi. Tatuaggi di Bes sono stati trovati sulle cosce di danzatori, musicisti e schiavi.

Il nome di Bes è stato tramandato in copto come BESA. Il corrispettivo femminile di Bes era chiamato **Beset** o **Besit**.

Buchis

Il toro sacro **Buchis** era un dio toro dell'antico Egitto. Era venerato nella regione di Tebe.

Mitologia

Il toro sacro conosciuto dai greci come Buchis, che in egiziano diventa bakh, ba-akh ecc. era venerato nella zona di Armant e a Tebe. I tori venivano seppelliti come divinità in un edificio, il Bucheion, che fu scoperto nel 1927; a partire dal Nuovo Regno i tori furono seppelliti lì, fino all'epoca dell'imperatore Diocleziano. Ad Armant è stato trovato anche il luogo di sepoltura delle madri dei tori Buchis. Il culto durò fino al 400 d.C. In epoca romana, lo scrittore Macrobio ne descrisse il rituale.

Il culto

Buchis era associato a Ra e Osiride e certamente a Mentoe, era venerato a Tebe e ad Armant e in altri luoghi. In un luogo c'era un toro che era il dio della terra. È stato raffigurato su una statua quando non era disponibile alcun Buchis. Buchis (come altre divinità toro) forniva un importante oracolo, ma il dio era noto anche per le sue capacità di guarigione, soprattutto per gli occhi.

Immagine

Secondo un autore antico Buchis era un animale con il corpo bianco e la testa nera, il dio non è facilmente distinguibile da altre divinità toro. Le immagini sugli amuleti sono difficili da distinguere se si tratta di Buchis, il dio è noto da una stele della XIX dinastia in poi. Ma a volte il dio ha un disco solare con due piume sopra, questo si riferisce a Mentoe.

Geb

Geb (**Seb**, **Keb**) è il dio della terra nella mitologia egizia. Secondo la storia della creazione, era figlio del dio del cielo Shu e della dea dell'acqua Tefnut.

Sua sorella Noet, la dea del cielo, giaceva tra le sue braccia finché era buio e così ebbero figli Osiride, Iside, Seth e Nefti. Apparteneva all'Enneade di Eliopoli

Era anche un dio della fertilità ed è solitamente raffigurato di colore verde e in un corpo umano con un fallo. A volte indossava la corona rossa, ma di solito aveva un'oca in testa. Lo si vede spesso sdraiato sotto la sorella Noet. I terremoti gli sono attribuiti anche come "risate di Geb".

Geb catturava le anime morte delle persone cattive affinché non potessero entrare nell'aldilà.

Con Noet fu padre di Osiride, Iside, Seth e Nefti. Con Renenutet, era il padre di Nehebkau.

Heh

Nella mitologia egizia, **Heh** (plurale **Hehoe**) era la personificazione dell'informe e dell'infinito, di solito nel senso di eternità senza tempo. Heh, insieme alla sua controparte femminile **Hehet** (*sin:* **Haoehet** o **Hehoet**), faceva parte dell'Ogdoad di Hermopolis. Si tratta di un gruppo di otto divinità primordiali.

Come le quattro divinità primordiali maschili dell'ogdoah, anche Heh era rappresentato con la testa di rana. Viene anche spesso raffigurato come un essere umano, inginocchiato, con parrucca divina e barba riccia, spesso in connotazione con l'oro (simbolo di eternità), e nelle sue mani sono scolpite vene di foglie di palma (simbolo degli anni) con un anello shen alla base di ciascuna, simbolo di eternità. Heh era anche l'antico egizio per "milioni di anni" o *eternità*. Inoltre, il dio Heh ha avuto un ruolo importante nella storia della creazione di Hermopolis Magna.

Sulle vesti del faraone è raffigurato come un amuleto. Simboleggia una lunga vita.

Il dio Heh era inginocchiato su un cesto intrecciato che rappresenta il segno del tutto, dell'universalità e del dominio. Le ancorette erano collegate alle mani o alle braccia. Heh era associato al mito della "mucca celeste", che era sostenuta da Shu insieme a otto divinità Heh, due per ogni gamba. Heh era anche associato alla corteccia solare celeste, che sollevava in cielo più e più volte dopo il viaggio notturno del sole attraverso gli inferi.

Nella scrittura geroglifica, Heh significava "un milione". Questo segno è stato quindi associato alla nozione di milioni di anni. Haoehet è anche la parola egiziana alternativa per indicare l'eternità, *djet*.

L'immagine di Heh esprimeva il desiderio di lunga vita e si trovava spesso sugli amuleti già nell'Antico Regno. Anche alcuni oggetti della tomba di Tutankhamon erano decorati in questo modo, a indicare che la presenza di questo dio era ancora importante anche nelle credenze del Nuovo Regno.

Il dio Heh non va confuso con il dio Hoe.

Khenti-Amentiu

Chentiamentioe o *Khentia-mentiu* (o altre grafie) era un dio della mitologia egizia. Il nome è stato usato anche come epiteto per Osiride e Anubi.

Significato del nome

Il nome Chentiamentioe significa "Fronte degli occidentali". Nella parte occidentale del Nilo, i morti venivano seppelliti e i morti erano chiamati "occidentali". Il titolo si riferisce al capo dei morti.

Nel primo periodo dinastico, il nome del dio era scritto con un geroglifico raffigurante uno sciacallo. Questo è visto come un elemento determinante per indicare la forma del dio. Terence DuQuesne sostiene che il geroglifico con lo sciacallo rappresenti il nome di Anubi e che Chentiamentioe fosse in origine una manifestazione di Anubi.

Aspetto

Il dio era raffigurato come uno sciacallo.

Venerazione

Il dio aveva il suo centro di culto ad Abydos. Il suo ruolo era quello di guardiano della città dei morti. Il suo culto è attestato fin dalle prime fasi di Abydos, forse anche prima dell'unificazione dell'Egitto nel 3100 a.C.. Il nome è stato trovato su una coppia di sigilli cilindrici dei faraoni Hor Den e Qaä. Su questi cilindri, tutti i predecessori sono nominati con il titolo "Horus Chentiamentioe", che inizia con "Horus Chentiamentioe Narmer".

Il Tempio di Osiride-Chentiamentioe ad Abydos fu costruito nel periodo predinastico e dedicato a questo dio. Toby Wilkinson suggerisce che in questi primi tempi il nome fosse legato a Osiride. A partire dal Medio Regno, il tempio fu dedicato al dio Osiride.

Le funzioni mitologiche di Chentiamentioe, Osiride e Anubi furono modificate alla fine dell'Antico Regno. In origine, la formula sacrificale era dedicata solo ad Anubi. La formula sacrificale assicurava che la persona morta potesse continuare a partecipare ai sacrifici. Nella V dinastia egizia, nella formula sacrificale compaiono diverse divinità, tra cui Osiride e

Chentiamentioe. Dopo la V dinastia egizia, il titolo di Chentiamentioe si intrecciò con quello di Osiride.

Min

Chiamato anche Amsu.

Dio della fertilità, della generazione, della pioggia, dei buoni raccolti e della virilità.

I greci identificavano Min con il loro dio Pan.

Min era il dio della mitologia egizia che fungeva principalmente da dio della fertilità, ma era anche il protettore delle strade e delle miniere del deserto orientale.

Min è facilmente riconoscibile per il suo fallo rigido che a volte tiene nella mano sinistra. Questo è legato al suo stato di fertilità. Nella mano destra sollevata tiene un flagello, come simbolo regale di potere. È raffigurato come un uomo mummificato e indossa una corona con due pennacchi d'aquila. La corona è la stessa di Amon, motivo per cui è stato identificato con essa in tempi successivi.

All'inizio della stagione gli veniva offerta la lattuga velenosa (*Lactuca virosa*), che si diceva contenesse un afrodisiaco. I suoi principali luoghi di culto sono Koptos e Achmim. Quest'ultima località fu poi chiamata Panopolis dai Greci, perché identificarono Min con il dio anatolico Pan. Il suo culto più antico si trova probabilmente nella parte orientale del Paese, vicino alle miniere, di cui era anche protettore.

Ad Achmin, l'archeologo britannico Flinders Petrie trovò all'inizio del XX secolo alcune statue di Min di notevoli dimensioni, risalenti al 3000 a.C.. Attualmente si trovano al British Museum di Londra.

Mnevis

Nella mitologia egizia, **Mnevis** era il nome greco dato a Eliopoli a **Mer-Wer** (o nella sua forma più antica *Nem-Wer*, secondo i testi dei sarcofagi), ed era un dio toro. Originariamente considerata una divinità indipendente, fu molto presto incorporata nel culto del dio Sole.

Mitologia

Secondo Manetone, il culto di Mnevis fu introdotto nella II dinastia egizia, ma nei Testi delle Piramidi sembra solo un "dio minore" rispetto al "*toro di Eliopoli*". Gradualmente, tuttavia, Mnevis fu considerato come il *ba* di Ra e una manifestazione della combinazione Re-Atoem, acquisendo una notevole importanza. Secondo Plutarco, il toro Mnevis era il secondo per importanza dopo il toro Apis di Memphis, ma godeva di uguale rispetto e privilegi. Ad esempio, concedeva anche oracoli. I sacerdoti di Eliopoli arrivarono persino a sostenere che Mnevis fosse il padre di Apis, per accrescere l'importanza del suo culto. Anche se sono stati menzionati legami tra Mnevis e Osiride (ad esempio in nomi doppi come Mnevis-Osiride o Mnevis-Wennefer), ciò non indica necessariamente una relazione mitologica, ma piuttosto una fusione astratta (sincretismo) di divinità solari e infere.

Immagine e attributi

Come per gli altri tori sacri, ogni volta c'era un solo toro Mnevis. L'esemplare vivo è stato selezionato in base a un canone fisso di caratteristiche. Ad esempio, doveva essere uniformemente nero. Nell'iconografia è quindi rappresentato nero e di solito portava come unici attributi un disco solare e un ureo tra le corna.

La Stele di Rosetta afferma che Tolomeo V fece provviste per Apis, Mnevis e altri animali santificati, su una scala molto più ampia di quanto avessero mai fatto i suoi predecessori. Il toro e l'ariete rappresentavano la forza e la fertilità maschile.

Come per Apis, senza dubbio anche Mnevis aveva alcune caratteristiche salienti che i sacerdoti consideravano quando sceglievano l'esemplare per rappresentare il dio.

Il toro del cielo

Nelle vignette del capitolo 148 del Libro egizio dei morti, il Toro del cielo appare come una creatura mitica o una divinità associata al cielo e all'aldilà. Per questo è chiamato "*Toro dell'Ovest*" (dove tramonta il sole). Il toro era chiamato come marito di sette mucche che di solito erano in sua compagnia. Un'immagine si trova nella tomba di Nefertari della XIX dinastia egiziana. Le corna di questo toro formano chiaramente una bella mezzaluna. Le sette vacche del cielo e il toro nero del cielo sono raffigurati anche su un papiro di Nestanebettawy del Terzo Periodo Intermedio (Museo Egizio del Cairo).

Il toro del cielo era un simbolo anche nell'antica Persia, dove veniva chiamato *lamassu*. Si veda anche l'articolo Bullman.

Culto

Il culto del toro Mnevis fu istituito a Eliopoli da Raneb, un faraone della II dinastia, ma non c'è dubbio che sia il culto di Apis sia quello di Mnevis fossero già presenti in epoca predinastica.

Il toro Mnevis (NEM-UR in egiziano) era venerato a Eliopoli come "il Dio Sole vivente" nella successione delle vite di Ra e Osiride. Come Apis, era nero o sfumato.

Il toro aveva un proprio harem di mucche con due mogli che venivano identificate con Hathor e Iusaas.

Quando il toro moriva di morte naturale, veniva seppellito in un cimitero appositamente designato.

Per il suo forte legame con il sole, fu una delle poche divinità apparentemente tollerate e venerate da Akhenaton insieme al suo nuovo dio Aton. Egli attuò persino il decreto per la creazione di una vera e propria area di sepoltura per il dio ad el Amarna, anche se la sua ubicazione non è mai stata trovata. In seguito, un simile cimitero si trovava a nord-est del tempio di Eliopoli; ce n'era anche uno per le madri dei tori Mnevis. Erano identificati con la dea Hesat.

Oltre che a Eliopoli, Mnevis era venerato in altri luoghi, in epoca greco-romana a Dendera e a Edfu. A Soknopaiu Neso, nel Fayoem, c'era un tempio di Serapide-Osoromnevis, una combinazione di Osiride con Apis e Mnevis.

Serapide

Si scrive anche Sarapis, Ausar-Apis o Osorapis.

Una divinità composita che univa gli attributi di Osiride, dio del Duat (mondo sotterraneo), e del toro Apis, venerato nella città di Memphis.

Serapide era un dio antropomorfo ellenistico il cui culto ebbe origine nell'Antico Egitto. Serapide è il dio dell'aldilà, della fertilità delle aree agricole, del sole, degli inferi e della medicina. È il marito di Iside. Il suo culto ebbe un grande appeal anche al di fuori dell'Egitto e si diffuse nell'Impero romano.

Sincretismo

Serapide è un fenomeno tipico del suo tempo, dove esisteva un vero e proprio sincretismo tra gli dei. Lo stesso Serapide era una contrazione tra Osiride e il dio toro Apis. Il nome Osirapis deriva da una divinità più antica: il toro Apis trasformato in Osiride. Tuttavia, egli assunse un aspetto greco e il suo culto fu quindi fortemente praticato soprattutto dallo strato greco dell'Egitto tolemaico, mentre Apis rimase particolarmente popolare tra gli egiziani autoctoni. Tuttavia, il dio Serapide era ancora associato a numerose altre divinità: Plutone, Asclepio, Amon, Zeus, Helios, Dioniso e Aiōn. I Greci erano abituati alle divinità antropomorfe, ma si trovavano in difficoltà con le divinità egizie rappresentate come animali. La nuova divinità Serapide avrebbe dovuto collegare i due mondi.

Origine

Sulle origini del culto, Plutarco racconta che Tolomeo I Soter I ebbe un sogno in cui un dio del Mar Nero lo incaricava di trasferire il suo culto in Egitto. Questo dio fu poi riconosciuto dai sacerdoti come Serapide. Tolomeo si fece incoronare re nel 305 a.C.. Insieme a consiglieri greci ed egiziani, voleva riunire le popolazioni separate di greci ed egiziani in occasione delle celebrazioni statali di Osiride e del Capodanno. In questo contesto, Serapide fu nominato dio principale dei governanti greci. Il Serapeo di Alessandria ha ricevuto il suo tempio greco di Serapide, con una statua di Serapide alta più di 10 metri.

Tuttavia, il culto di Serapide potrebbe essere nato anche prima, cioè sotto Alessandro Magno, ma non vi è alcuna certezza al riguardo. Sappiamo con certezza che il dio Serapide esisteva sotto Tolomeo II Filadelfo.

Poiché Serapide fu probabilmente creato per ordine dei Tolomei, divenne presto il protettore della dinastia tolemaica e il suo culto fu incoraggiato da questi ultimi. Tuttavia, il dio Serapide aveva molte altre qualità: da Asclepio ebbe la capacità di guarire e il suo sincretismo con Osiride fece sì che si occupasse anche di agricoltura e del mondo sotterraneo. Serapide era venerato come salvatore in vita e in morte, come rivelatore nell'oracolo, come salvatore nella malattia e nella solitudine e come protettore dei marinai.

Caratteristiche

Serapide ha un aspetto completamente greco: con i suoi capelli pieni e ricci, spesso con cinque ciocche sulla fronte, e la barba, assomiglia molto a Zeus e a Plutone. Un nuovo elemento è il *kalathos* (cesto per la lana o il tartan) o *modius* (misura per il mais), che si trova sulla testa, a simboleggiare la fertilità della terra. In alcune raffigurazioni, indossa la corona atef con piume di struzzo e le corna di ariete di Osiride. Come Osiride, dio degli inferi, può essere accompagnato dal cane a tre teste Cerbero. Talvolta Serapide è raffigurato insieme a Iside come un serpente con testa umana.

La sua iconografia ha influenzato la rappresentazione del dio della creazione nell'arte sacra antica. Alcuni motivi visivi i copti li hanno presi in prestito dalla tradizione di Osiride, Iside e Horus, come la divinità madre che allatta il figlio.

Serapeo

Un tempio dedicato al dio Serapide è chiamato Serapeo. Il santuario più importante è il Serapeo di Alessandria, capitale dei re tolemaici. Anche il tradizionale luogo di sepoltura dei tori Apis a Sakkara fu chiamato all'epoca Serapeum.

Distribuzione

Il culto di Serapide si diffuse anche nell'Impero seleucide e nel periodo imperiale in molte province romane, persino in Gallia.

Trivia

Louis Couperus descrive una visita al Serapeo di Canopis e la terapia, che consiste nel sognare e spiegare il sogno, nel suo Turismo antico. Romanzo dell'Antico Egitto.

Wepwawet

Wepwawet (scritto anche come **Oepoeaoet** o **Upuaut**), pronuncia: Oep-oe-a-oet, era un dio della mitologia egizia. Il suo centro di culto era la città di Lycopolis, l'attuale Assioet, capitale del 13° nomo dell'Alto Egitto.

Il suo nome significa "l'apritore delle strade", poiché in origine era un dio della guerra il cui compito era quello di liberare le strade per l'esercito. Era raffigurato come un lupo, da cui il nome Lycopolis, che significa città del lupo. Si dice anche che accompagnasse il faraone nelle battute di caccia.

In seguito, poiché Wepwawet era considerato un dio della guerra e quindi della morte, gli fu affidato anche il compito di ripulire la strada del deserto per raggiungere il luogo di sepoltura. Questo era anche associato al dio Anubi, per cui veniva anche raffigurato come sciacallo e gli veniva dato il titolo di "Signore della Terra Santa". Svolse un ruolo importante nella sepoltura di Osiride ad Abydos.

Divinità minori (Femminile)

Ammit

Una bestia associata al tempo del giudizio

Ammit o **Ammut** era, nella mitologia egizia, la personificazione della punizione divina per tutti i peccati commessi in vita. Viveva nella Sala di Ma'at, nel mondo sotterraneo, Duat, vicino alla bilancia della giustizia, dove i cuori dei morti venivano pesati da Anubi con Ma'at, il principio di verità e giustizia. I cuori di coloro che non superarono la prova furono dati ad Ammut per essere divorati, e alle loro anime non fu permesso di entrare ad Aalu. Così dovettero vagare senza sosta fino all'eternità, morendo così di una seconda morte. Alcune storie dicono che furono decapitati dal boia di Osiride, Shesmoe.

Ammit non era venerata e non è mai stata considerata una dea. Invece, incarnava le paure di tutti gli egiziani, sotto la minaccia di un'eterna inquietudine se non avessero seguito il principio della Ma'at. Per questo motivo Ammit è raffigurata con la testa di un coccodrillo, la parte anteriore del corpo di un leone o di un leopardo e la schiena a forma di ippopotamo, una combinazione di quelli che gli antichi egizi consideravano gli animali più pericolosi. Spesso viene descritta come un demone, ma in realtà è un potere buono perché distrugge i cattivi.

Il suo ruolo si riflette nel suo nome, che significa *Divoratore* o, più precisamente e meno eufemisticamente, *Mangiaossa*, e nei suoi titoli di *Divoratore di Morti*, *Divoratore di Milioni* (*Am-heh* in egiziano), *Divoratore di Cuori* e *Grandezza della Morte*.

Ammit è anche paragonato a diverse divinità. Ad esempio, Turgis, un ippopotamo feroce e carnivoro. O con Taweret, che ha caratteristiche fisiche simili, come compagna di Bes. Ha tenuto tutti lontani dalla cattiva vita. E anche con Sekhmet, la feroce dea del leone. Beveva anche sangue ed era la dea della guerra.

Pipistrello

La dea Bat era una dea mucca dell'Antico Egitto.

Ruolo mitologico

Ha svolto un ruolo importante nel tardo periodo predinastico, ma non è chiaro quando la dea sia stata venerata per la prima volta.

Ci sono pochi riferimenti mitologici alla dea. Le prime testimonianze scritte della dea si trovano nei testi piramidali, che la chiamano "Pipistrello dalle due facce". Un riferimento alla doppia immagine della dea vista sulla sistra. Un'altra testimonianza è un pettorale della XII dinastia egizia in cui Bat si trova tra Horus e Seth, a simboleggiare l'unità dell'Egitto.

Si ipotizza che la dea sia stata importata dalla Mesopotamia.

Aspetto

La dea Bat è raramente raffigurata nell'arte egizia, tuttavia ha un aspetto specifico che la differenzia da Hathor. Il pipistrello è raffigurato con una testa umana con corna e orecchie da mucca. A differenza di Hathor, le corna si curvano verso l'interno.

Esempi di immagini di pipistrelli sono:

- Su un sistro.
- Sul menat; una collana e un oggetto musicale.
- La parte superiore della tavolozza di Narmer raffigura due teste di mucca che guardano verso il basso. Il re indossa anche un abito con piccole teste di mucca.
- Testa di mucca stilizzata con stelle sulla tavolozza Gerzeh.

Durante il Medio Regno, il culto di Bat fu assorbito da quello di Hathor, ma il suo volto continuò a essere presente sulle colonne di Hathor.

Il culto

Bat era la patrona del VII nomo dell'Alto Egitto, la cui capitale era Diospolis Parva, situata nell'area dell'attuale Nag Hammadi. Il suo centro di culto era conosciuto come "il dominio del sistro". Era un'importante dea locale. Nel Nuovo Regno era identificata con Hathor.

Hatmehit

Hatmehyt, **Hatmehit** o **Hatmehyt** era originariamente la deificazione del Nilo da parte del popolo di Per-banebdjedet, Mendes. Localmente, era una dea minore dei pesci nel Delta del Nilo. Non ci sono indicazioni che abbia avuto un ruolo importante in qualche ciclo mitico, ma di lei si sa molto poco.

Nome

Il nome Hatmehyt viene tradotto come *Casa di Mehit* (Hat Mehit), il che implicherebbe un collegamento con Hathor, una delle più antiche divinità dell'Egitto, il cui epiteto era anche Mehit, che significa *grande torrente*. Si tratterebbe forse dell'associazione con le acque primordiali dell'inizio dei tempi, concretizzate nel Nilo. Altre dee associate alle acque primordiali sono Moet e Naunet.

Il nome è spiegato da Wilkinson come "*colei che precede il pesce*", che in realtà era un epiteto. Secondo lui, potrebbe indicare l'eccellenza come divinità leader dei pesci, o un precedente nel tempo, come quello che precede il mondo primordiale. In mancanza di esempi mitici, tuttavia, si tende a optare per la prima ipotesi. La dea Hatmehyt fu infine incorporata nel culto di Banebdjedet, il dio ariete fertile di Mendes, che le fu aggiunto come eega.

Iconografia

Hatmehyt era raffigurato come una figura femminile su un trono con un emblema o una corona di pesce sulla testa, o a forma di pesce. A volte si è pensato che l'emblema di questa divinità fosse un delfino, il che potrebbe far pensare a un'influenza minoica, ma oggi si presume che si tratti della specie ittica comunemente usata nel Nilo, il pesce Lepidotus.

Culto

Senza dubbio un tempo doveva esistere un tempio di questa dea nel Delta del Nilo. Tuttavia, nonostante la sua fusione con il culto del dio ariete, sembra che il culto di Hatmehyt sia stato poco diffuso al di fuori del delta dell'Egitto. Gli amuleti del pesce Schilbe, come simbolo della dea, compaiono per la prima volta all'inizio della XXVI dinastia.

Hatmehyt ("*Primo tra i pesci*") era forse la divinità originaria di Mendes. Insieme a Banebdjedet e al figlio "*Il Bambino Horus*", formarono la cosiddetta triade di Mendes.

Quando emerse il culto di Osiride, il popolo di Mendes rispose legittimando la sua autorità attraverso il matrimonio con Hatmehit. Era soprattutto il Ba di Osiride, noto come *Banebjed* (letteralmente: *Ba del signore del djed*, riferito a Osiride), a essere considerato sposato con Hatmehit.
Quando Horus cominciò a essere considerato figlio di Osiride, noto come *Arpocrate* (*Har-pa-khered* in egiziano antico), Hatmehit fu di conseguenza chiamata sua madre. Come moglie di Osiride e madre di Horus, fu infine equiparata a una forma di Iside.

Hesat

Hesat (in antico egizio significa *latte* o *selvatico*, anche **Hesahet** o **Hesaret**) era una dea mucca con molteplici associazioni nella mitologia egizia. Questa dea era venerata in epoca predinastica come vacca del cielo. Nei Testi delle Piramidi, appare come madre di Anubi.

Era considerata la nutrice di tutti gli dei, *colei che produce tutto il cibo*, ed era raffigurata come una mucca bianca con un cesto di cibo sulle corna, mentre il latte sgorgava dalle mammelle.

In questa forma terrena, era ambiguamente la madre di Anubi, il dio della morte, perché, come nutrice, portava la vita, mentre Anubi, come rappresentante della morte, la riprendeva. Poiché la manifestazione terrena di Ra era il toro Mnevis, Anubi come figlio, il toro Mnevis come padre e Hesat come madre erano venerati come una triade divina.

Hesat era anche vista come la manifestazione di Hathor, la vacca celeste nella sua forma più antica, ma in un'incarnazione terrena. Come Hathor, era quindi chiamata moglie di Ra.

Hesat è anche nominata come madre del faraone defunto, caratterizzato come suo figlio sotto forma di vitello d'oro. Inoltre, era la divina nutrice del faraone vivente.

Questa dea allattò anche un certo numero di tori divini e fu soprattutto la madre mitica del toro sacro Mnevis e, secondo alcuni testi, del toro Apis.

A Eliopoli, le vacche madri del toro Mnevis venivano inumate in un cimitero appositamente dedicato a Hesat dopo la loro morte.

La gente riceveva anche il latte da Hesat, per questo era chiamata anche Tenemit, la dea della birra. Possedeva la capacità di dissetarsi attraverso la "birra Hesat".

In epoca tolemaica, Hesat era equiparata a Iside. Era venerata sotto forma di vacca sacra Iside-Hesat.

Meretseger

La dea **Meretseger** è una dea egizia di Tebe che veniva venerata dagli operai che costruivano le tombe del re.

Mitologia

Meretseger era la dea del picco a forma di piramide nel cuore della Valle dei Re, nella parte occidentale di Tebe, in Egitto. Oggi questa montagna, alta 450 metri, è chiamata el-Qurna o Corno di Kurna. La montagna ha la forma di una piramide e potrebbe essere un riferimento alle piramidi tradizionali dell'Antico e Medio Regno.

A volte Meretseger veniva chiamata *Djemet-Imentet* ("la vetta dell'ovest") dal nome del suo luogo di culto, ma il suo nome principale era *Meretseger* ("Colei che ama il silenzio"). Un nome appropriato per la dea di una regione solitaria e selvaggia, senza abitanti fissi se non gli operai che costruivano le tombe dei re.

La dea era considerata pericolosa, ma anche clemente. Era associata a Hathor.

Aspetto

Meretseger era solitamente raffigurata come un serpente arrotolato, un cobra che si solleva, una dea umana con la testa di serpente o uno scorpione con la testa femminile. Era anche raffigurata con corna di mucca e disco solare. Il serpente e lo scorpione erano tra i pochi animali che abitavano il luogo desertico ed erano quindi adatti come manifestazioni della dea.

Il culto

Meretseger era venerato solo dai lavoratori della necropoli reale. Immagini e suppliche alla dea furono istituite nel Nuovo Regno. Dopo il Nuovo Regno, i lavori nella necropoli furono molto limitati e il culto della dea scomparve.

Un cumulo di stele è stato ritrovato a Tebe, vicino al villaggio operaio di Deir el-Medina. Alcune di queste stele implorano il perdono della dea; si credeva infatti che Meretseger si vendicasse dei colpevoli di crimini togliendo loro la vista o pugnalandoli o mordendoli. Ma la maggior parte di essi parla del perdono della dea e del recupero degli operai.

Meskhenet

Nella mitologia egizia, **Mesechenet** (*Msẖn.t*, anche **Meschenet, Meskhenet, Mesenet, Meskhent** o **Meshkent**) era una dea dell'Antico Egitto rappresentata in piedi o seduta su un seggio, con bastone di papiro, ankh e sulla testa quella che probabilmente è una vulva di mucca stilizzata. Questa rappresentazione stilizzata era di per sé utilizzata anche come amuleto. Mesechenet aveva quattro forme diverse, tutte dee associate alla camera del parto, alla sedia da biro e alle pietre di nascita. Erano tutti coinvolti nella previsione del futuro dei neonati. La consorte di queste dee era considerata Shai. La parola significa letteralmente "ciò che è comandato" (come l'arabo *kismat*). Era la personificazione della fortuna, del fato e del destino, ma questa funzione era attribuita anche alla dea stessa.

Pakhet

Pachet (in egiziano *Pḫ.t* , *colei che lacrima*, scritto anche **Pakhet**, **Pehkhet**, **Phastet** e **Pasht**) è una dea della mitologia egizia. È considerata una sintesi di Bast o Bastet e Sekhmet, antiche divinità di entrambi gli Egizi che erano simili personificazioni di leonesse, una per l'Alto Egitto e l'altra per il Basso Egitto. Il raggio d'azione di questi due culti si estendeva fino al confine tra nord e sud, nei pressi di al Minya (oggi Beni Hasan), e la somiglianza tra le due dee portò a una nuova ibridazione tra le due culture.

Origini e mitologia

Pachet risale probabilmente a una dea leonessa regionale ancora più antica, la "*Dea della Bocca del Wadi*", che era venerata da coloro che cacciavano nel wadi vicino all'acqua al confine con il deserto. Un altro epiteto: "*Colei che apre le vie delle piogge temporalesche*" indica il momento in cui l'ondata di tempesta, che alimenta la fertilità, inizia a riempire gli uadi. Quando Pachet emerse nel pantheon egizio, durante il Medio Regno, la considerazione di Bastet come feroce leonessa stava scemando. Era vista più come un gatto simpatico e mansueto. Pertanto, la natura di Pachet si colloca a metà strada tra la gentilezza di Bastet e la ferocia di Sekhmet. La sua forza era vista piuttosto interiormente, pur conservando le qualità potenziali della dea della guerra, per esprimerle quando necessario. Oltre che con Bastet e Sekhmet, è identificata anche con Hathor e, di conseguenza, indossa il disco d'oro come parte della sua corona di dea del sole.

Divenne una dea sia pericolosa che ausiliaria e le fu persino attribuito l'epiteto di "*Sostenitrice* (ḥrjt) *di tutti gli dèi*". L'epiteto "*cacciatrice notturna dall'occhio acuto e dall'artiglio appuntito*" si riferiva al suo aspetto desertico, associandola a violente tempeste di sabbia, come nel caso di Sekhmet. Come Bastet, anche lei era considerata una protettrice della maternità.

Le raffigurazioni di Pachet mostrano una figura femminile con la testa di un felino, spesso mentre uccide un serpente con i suoi artigli affilati.

Templi vicino ad al Minya

Il tempio di Pachet, costruito come santuario rupestre da Hatshepsut nei pressi di al Minya, era il più famoso dei trentanove antichi templi tombali dei nomarchi del Medio Regno dell'Oryxennomos, che governavano da Hebenu in una regione ricca di cave. Si trova nell'Egitto centrale, sulla riva orientale del Nilo. Un sito sulla riva orientale non è tradizionale per le tombe, mentre lo è la riva occidentale, ma lì il terreno era più difficile. Sappiamo dell'esistenza di un tempio molto più antico dedicato a questa dea in quel sito, ma non è sopravvissuto alla prova del tempo. Sappiamo da Hatshepsut che fu lei a restaurare i templi di quest'area sessant'anni dopo la loro distruzione da parte degli Hyksos. Le notevoli catacombe sono state scavate. Vi sono state trovate grandi quantità di gatti mummificati. Si può dire che molti di loro sono stati portati da molto lontano per ricevere qui una sepoltura rituale. Alcuni riferimenti associano questa dea a Pachet-Weret-Hekau (*Weret Hekau* significa "*Colei che ha una grande magia*"), implicando un'equivalenza con dee come Hathor e Iside. Un altro titolo incontrato è "*Horus Pakht*". La presenza di numerosi falchi mummificati nel sito spiegherebbe l'ulteriore associazione con Hathor come madre di Horus, il falco, il faraone e il sole.

La sua natura di cacciatrice fece sì che gli antichi greci, quando occuparono l'Egitto trecento anni dopo, equiparassero Pachet ad Artemide. Per questo motivo diedero il nome di Speos Artemidos a questo tempio rupestre, la "*grotta di Artemide*", e questo nome è sopravvissuto anche se non si tratta di una dea egizia. I Greci cercarono di equiparare le divinità egizie alle loro, ma lasciarono intatte le tradizioni della religione egizia. Dopo di loro, l'Egitto fu conquistato dai Romani, poco dopo l'anno 30, che mantennero molti dei nomi greci, sebbene anch'essi tentassero affannosamente, attraverso la cosiddetta Interpretatio Romana, di associare le divinità straniere alle loro, dando loro i propri nomi.I cristiani e altre sette religiose occuparono parti del sito durante il dominio romano. Dopo il 600 entrarono in vigore i nomi arabi.

Hatshepsut e sua figlia Neferoere sono state identificate come coloro che costruirono un tempio più piccolo, anch'esso dedicato a Pachet nelle vicinanze, ma dal quale i faraoni successivi cancellarono ogni decorazione. Fu completata all'epoca di Alessandro Magno e oggi si chiama *Speos Batn el-Bakarah*.

Qetesh

Qetesh (anche **Qetshu, Qadesh, Kadesh, Quadosh, Qatesh, Qadeshet, Qudshu, Q(u)odesh**) era una dea dell'amore e della bellezza (piuttosto che della fertilità) nella mitologia egizia, cananea e greca.

Inizialmente dea semitica di origine siro-fenicia proveniente da Canaan, fu poi adottata nel pantheon egizio. Il suo successivo consorte sarebbe stato il dio Reshef, identificato anche con Nergal nella mitologia caldea, che fu introdotto anche nel Medio Regno. Una volta che Qetesh entrò nella fede egizia, si decise che doveva essere la madre del dio della fertilità Min, e quindi della realizzazione sessuale. In quanto dea popolare, fu infine considerata un aspetto dell'altrettanto popolare dea Hathor.

Forse era anche una designazione assegnata all'Asherah.

Qetesh era raffigurata frontalmente come una donna nuda in piedi su un leone, con in testa una luna piena o un sole appoggiato su una mezzaluna. Nella mano sinistra reggeva un serpente e nella destra un mazzo di fiori di loto. Portava l'acconciatura con il cappuccio da avvoltoio di Hathor. Sulla stele del British Museum è chiamata **Kent** e su quella di Torino **Qetesh**. Su entrambi le viene attribuito l'epiteto di "*Signora del Cielo, Padrona di tutti gli dei, Occhio di Ra, Uno senza secondo*".

Il nome *Qetesh* è forse legato all'ebraico *kadesh*, una prostituta del tempio. Gli dei Min e Reshef, raffigurati accanto a lei sulla stele del British Museum, rappresentano probabilmente gli amanti della dea.

Satis

Satet era la dea protettrice del Nilo nell'Antico Egitto e in particolare la guardiana delle sorgenti del Nilo. È rappresentata come una donna che indossa la corona bianca dell'Alto Egitto con corna di antilope ai lati della corona.

Di solito appare insieme al dio ariete Chnoem e alla loro figlia Anuket. Queste tre divinità formavano la triade (trio di divinità composto da un padre, una madre e un figlio) dell'isola di Elefantina, dove si trovava la città di Aboe con il loro principale luogo di culto. Quest'isola si trova nel sud dell'Egitto, vicino all'attuale città di Assuan e alla prima cataratta. Da questo luogo, la piena del Nilo fu vista per la prima volta in Egitto.

Secondo gli Egizi, la dea viveva a sud di Elefantina e proteggeva le sorgenti del Nilo che, per inciso, gli stessi antichi Egizi non trovarono mai e furono scoperte solo molto più tardi. Insieme al dio del Nilo Hapy, si occupava delle piene del fiume, ma Satet regolava la giusta quantità d'acqua. Dopo tutto, l'alluvione non deve essere troppo abbondante, ma ovviamente non deve nemmeno essere troppo sottile. Per questo motivo, molti agricoltori si recavano al suo tempio per pregare la deposizione della giusta quantità di limo, in modo da aspettarsi un buon raccolto.

Serket

Nell'Antico Egitto, **Selket** era una dea benigna rappresentata come una donna con la testa di scorpione o uno scorpione con la testa di donna. A volte viene raffigurata senza coda.

Proteggeva le persone sulla terra dai morsi velenosi e, con le altre dee protettrici Iside, Neith e Nefti e i quattro figli di Horus, vegliava sui canopi contenenti le viscere dei defunti.

Le sue sacerdotesse erano specializzate nel trattamento delle punture di insetti e scorpioni. Il loro trattamento consisteva in aspetti magici e medici.

Seshat

La dea della storia, della letteratura, della misurazione e della registrazione

Seshat era una dea dell'Antico Egitto legata principalmente alla scrittura; come archivista, era anche la dea della matematica e degli archivi reali. Per il suo ruolo nella saggezza, è stata talvolta abbinata al dio della saggezza Thoth. Il suo nome significa "scrittore", da "sesh" = scrivere, con una desinenza femminile. Il suo soprannome era "Regnante delle mappe e dei taccuini".

Presentazione

È raffigurata come una giovane donna che indossa una coccarda con sette rami e un fiocco rovesciato. A volte indossa anche una pelle di leopardo (gli Egizi vedevano nel disegno della pelle di leopardo le stelle, simbolo di eternità, ma era anche un attributo caratteristico per una sacerdotessa). Le sue ulteriori caratteristiche erano uno stilo e una tavolozza per la scrittura o una striscia di palma nella mano.

Mito

Durante la festa di Sed o "Heb sed" ("*Festa della coda*"), Seshat svolgeva un ruolo importante. Questa festa era una celebrazione per segnare una nuova fase del regno di un faraone, se questi fosse riuscito a dimostrare la propria fertilità e idoneità.

Quando un faraone era sul trono da 30 anni, si celebrava questo primo "giubileo"; poi di nuovo ogni 3 anni. Le prime feste significavano probabilmente l'uccisione rituale del faraone quando era ritenuto troppo vecchio per governare. In seguito, significarono un rinnovamento del potere del faraone regnante.

Seshat era anche colei che teneva traccia della storia e, come dea dell'aritmetica, assisteva gli architetti nel determinare la pianta dei nuovi templi.

Sopdet

Sopdet (la tagliente) - chiamata *Sothis* in epoca greca - era una dea dell'Antico Egitto (vedi: Iside-Sothis).

È raffigurata con una stella sopra la testa ed è nota fin dall'epoca di Djer. Insieme a Sah (Orione) e al loro figlio Sopet, forma una Triade. Era la dea della stella Sirio, la *Stella del Cane*, e in suo onore si celebrava una festa annuale, la festa di Sothis. Questa festa si celebrava nel giorno in cui la stella tornava brevemente visibile per la prima volta dopo essere rimasta nascosta dietro l'orizzonte per 70 giorni, poco prima del sorgere del sole. Il calendario egizio era calibrato su questo.

Di norma, subito dopo la festa di Sothis, il Nilo ricominciava a scorrere e il periodo di siccità terminava. Sopdet annunciava così il ritorno delle acque vivificanti del Nilo, un buon motivo per festeggiare. Il periodo di 70 giorni osservato per l'imbalsamazione di un defunto è probabilmente legato ai 70 giorni di assenza della dea Sopdet. La gente vedeva anche la fine dei preparativi funebri come un ritorno alla vita, soprattutto durante la cerimonia di apertura della bocca.

Taurt

Chiamato anche Taweret, Thoueris, Opet o Apet.

La dea ippopotamo associata al parto e alla maternità

Taweret (antico egizio "Colei che è grande/che tutto comprende", greco antico Τοερις, Tœris) è una dea della mitologia egizia.

Taweret era una dea dell'epoca predinastica, presente in numerosi amuleti. Molte testimonianze del culto di questa dea risalgono all'Antico Regno. Insieme al dio arcaico Bes, era anche dea protettrice della nascita e del primo allattamento. Taweret è stata quindi raffigurata come una femmina di ippopotamo incinta, un animale noto per proteggere i suoi piccoli. Poteva inoltre essere raffigurata con le sembianze di un leone o di un coccodrillo (magari portandoli sulla schiena) e aveva quindi una funzione apotropaica (doveva spaventare gli spiriti maligni o i demoni). Taweret veniva spesso invocata durante il parto per proteggere la donna e il bambino (alto tasso di mortalità nel parto) e per questo motivo veniva anche raffigurata con un ventre grasso e seni molto cadenti.

Di solito questa dea indossa una parrucca e sopra di essa può esserci un'acconciatura piumata, eventualmente con corna e disco solare. Di solito la bocca è aperta o con le labbra tirate indietro per mostrare le file di denti. Questo potrebbe indicare una funzione di respingimento del male. Attributi principali: la *sa* (simbolo di protezione), l'*ancora* (simbolo di vita) e la torcia (che respinge le tenebre e il male). Il simbolo *sa* è solitamente il più grande e rappresenta la dea a terra su entrambi i lati mentre si appoggia ad esso con i palmi delle mani.

Talvolta la dea ippopotamo è stata associata a Iside, ad esempio in una parte dei *cippi* del periodo tardo, anche se il legame tra queste due dee non è sempre chiaro. Taweret era più spesso associata a Hathor, con la sua tipica capigliatura (la parrucca da avvoltoio). Nella vignetta che accompagna il Libro dei Morti egizio, capitolo 186 del papiro di Anhai, è raffigurata insieme a Hathor come una mucca. Sembra essere identificata direttamente con questa dea, dato che solo Hathor è menzionata nella maledizione.

Una rara stele (Metropolitan Museam of Art di New York) raffigura Taweret che rende omaggio a Mut (a volte visto come archetipo di Hathor) e reca le fattezze di Tiye, moglie del faraone Amenhotep III. Questa regina sembra identificarsi con la dea dell'ippopotamo.

In tempi successivi Taweret fu vista come la sposa di Seth perché l'ippopotamo maschio era associato a questo dio e perché, secondo Plutarco, Taweret era diventata una delle "seguaci di Horus". Ma Taweret era anche vista come la sposa del dio Bes, molto più anziano.

Era molto popolare tra gli egizi comuni e compare in molti testi magici, incantesimi e amuleti. Taweret era una dea domestica e non aveva templi di culto. Le immagini di Taweret si diffusero lungo il Mediterraneo e penetrarono infine nell'iconografia della Creta minoica, dove la sua forma rimase riconoscibile, sebbene fosse la dea dell'acqua.

Wadjet

Wadjet (nota anche come Wadjit o Wedjat) è una dea della mitologia egizia.

È conosciuta soprattutto per uno dei cinque nomi del faraone, il nome nebty o il nome delle due dee Wadjet e Nekhbet. Wadjet rappresentava il nord o il basso Egitto ed era raffigurato da un cobra, l'ureo, che si alza per sputare veleno contro chiunque osi minacciare il re. Nekhbet era una dea avvoltoio che rappresentava il sud o l'Alto Egitto. Insieme, formavano l'ornamento che adornava la fronte del faraone.

Wadjet era venerato a Boeto, nel delta, e talvolta poteva essere rappresentato come una leonessa, in riferimento a Sekhmet, la terribile forma del sole. Il suo nome si riferisce al verde delle piante di papiro del delta.

L'occhio Wedjat

Wedjat (l'incontaminato) è anche il nome dell'occhio lunare sinistro di Horus, danneggiato nella battaglia tra Horus e Seth, ma poi ripristinato da Thot. Horus diede l'occhio al suo defunto padre Osiride affinché lo usasse per raggiungere in sicurezza l'aldilà. Molti amuleti erano fatti con l'occhio, soprattutto per i defunti che a loro volta cercavano di raggiungere l'altro mondo. Spesso è realizzata in maiolica verde o blu, poiché il verde rappresenta la rigenerazione e la resurrezione. Osiride, con la sua pelle nera o verde, è il simbolo della fertilità (il fango nero del Nilo) e della resurrezione (resurrezione del raccolto).

Altro

Akhenaton

Amenhotep IV, **Akhenaton**, **Akhnaton** o **Akhenaton** (o altre varianti di scrittura) fu un faraone della XVIII dinastia dell'Antico Egitto. Il faraone divenne noto per l'arte sciolta di Amarna e per l'introduzione del monoteismo in Egitto.

Famiglia

Akhenaton era figlio di Amenhotep III (1388 ca. - 1351 a.C.) e della regina Teje. Sposò la nipote Nefertiti, figlia di un funzionario di palazzo di Achmim. In seguito ha sposato Kiya e un'altra Teje.

Akhenaton e Nefertiti ebbero i seguenti figli:

- Merito,
- Maketaton,
- Anchesenpaäton (la successiva Anchesenamon)
- Neferneferoeaten Tasjerit,
- Neferneferoere,

- Setepenre

Akhenaton e Kiya ebbero i seguenti figli:

- Tutankhamon,
- Presumibilmente Smenchkare?

Aspetto

Il giovane faraone è raffigurato con un aspetto strano, per non dire grottesco. In esso, ha una grande testa a forma di zucca, un collo molto lungo e sottile, occhi stretti e labbra sporgenti. In esso, il suo ventre è come quello di una donna incinta, mentre anche le sue cosce mostrano un enorme spessore, ma la parte inferiore delle gambe è molto sottile. Inoltre, è raffigurato con tratti del viso strani e femminili. Una possibile spiegazione potrebbe essere che Amenhotep soffrisse della sindrome di Marfan.

Il regno di Akhenaton

Inizialmente, come in Khenet (Gebel el Silsila), si è fatto ritrarre come un tradizionale sovrano egiziano. Fu intronizzato nel Tempio di Montu a Karnak.

Tuttavia, dopo quattro anni di regno (1348 a.C. circa), Akhenaton apportò alcuni cambiamenti rivoluzionari:

- Mentre fino ad allora l'Egitto aveva avuto un politeismo, con il dio del sole Amon come dio principale, Akhenaton introdusse forse il monoteismo, anche se l'aspetto monoteistico della sua religione è oggetto di dibattito. L'unico dio era Aton, il disco solare, fino ad allora un aspetto minore del dio solare Amon-Ra. Le immagini del faraone e della sua famiglia sostituirono quelle delle antiche divinità protettrici nel santuario dei templi.
- Fece costruire una nuova capitale, Akhetaton (Orizzonte di Aton), l'attuale Amarna. Nel quinto anno di regno, l'intera corte si trasferì ad Amarna con la regina madre Teje.
- Il sommo sacerdote di Aton era il faraone stesso. Era il mediatore cultuale personale.
- Un nuovo stile, l'arte di Amarna, abbandonò il tradizionale stile rigido e statico e le persone vennero rappresentate in modo più disinvolto e fedele sui rilievi. Le sue stesse statue sono espressive

e poco attraenti. Sono state introdotte nuove dimensioni per l'intaglio dei blocchi di pietra.
- Chiuse i templi delle divinità diverse da Aton.
- Il linguaggio della scrittura è cambiato.

A partire dal 12° anno di regno, le riforme divennero meno radicali, quando Akhenaton dovette prestare attenzione agli sviluppi all'estero. Gli Ittiti cercarono di espandere la loro influenza in Siria. Fu organizzato un matrimonio diplomatico con una figlia del sovrano babilonese dei Kassiti. La seconda regina, Kiya, era forse figlia del re di Mitanni.

Akhenaton morì prima di nominare un successore.

Il culto di Aton

Secondo alcune teorie, la religione Aten di Akhenaton avrebbe influenzato la nascita o lo sviluppo dell'ebraismo - e quindi indirettamente del cristianesimo. Un indizio in questo senso è l'inno ad Aten, ritrovato ad Amarna, che presenta una notevole somiglianza con il Salmo biblico 104. Dal momento che il regno di Akhenaton, secondo la cronologia più accettata, cadde nel periodo dell'esilio degli israeliti in Egitto, tale influenza è molto probabile. Ancora più interessante è la menzione di un popolo misterioso. Questo popolo, chiamato Sa-Gaz o Chabiroe, invase Israele da nord-est e viene identificato da alcuni studiosi con gli ebrei biblici. I Chabiroe vagavano in grandi bande con donne e bambini in un territorio impervio, lontano dalle principali strade militari. A volte interferivano nella politica locale servendo come truppe ausiliarie quando non facevano la guerra.

Molti templi delle altre divinità furono chiusi. Questo ha portato a uno sconvolgimento della società, perché fino a quel momento l'intero governo del Paese era passato attraverso i templi. L'amministrazione che l'ha sostituita era corrotta e piena di arbitrarietà. Akhenaton era comprensibilmente impopolare nei confronti dei potenti sacerdoti di Amon; il culto delle divinità tradizionali continuò quindi in clandestinità - come testimoniano i ritrovamenti nell'odierna Amarna - e la religione tradizionale mantenne il suo legame con la gente comune, sulla quale la riforma religiosa ebbe scarso impatto.

L'arte, tuttavia, subì cambiamenti radicali, poiché gli artisti non dovevano più seguire le vecchie e rigide regole del canone e potevano seguire le proprie forze creative. Anche la lingua scritta cambiò e divenne molto più vicina alla lingua parlata.

Politica estera

La politica estera risentì delle tensioni interne generate dalla riforma di Aton e gli Ittiti, in particolare, ne approfittarono per estendere la loro influenza verso Canaan. Tuttavia, come testimoniano le cosiddette lettere di Amarna, la corte di Amarna mantenne ampie relazioni diplomatiche, anche con Burnaburiaš II di Karduniaš (Babilonia). Nel 1887, ad Amarna è stata rinvenuta su tavolette di argilla del XIV secolo a.C. una corrispondenza del Ministero degli Esteri egiziano relativa a Israele. Amarna fu la capitale del faraone "eretico" Akhenaton (Amenhotep IV). Queste lettere di Amarna, circa 150, sono scritte in accadico, allora *lingua franca* della diplomazia internazionale, e in cuneiforme. Sono abbastanza ricchi di grammatica e vocabolario cananeo. Raccontano molto di Israele e della Siria meridionale in questo periodo e del ruolo svolto dall'Egitto.

Seguito

Si sa poco della morte di Akhenaton. Storicamente, la spiegazione è che sia stato ucciso dai seguaci del culto di Amon, espulso. Recentemente, si ritiene che intorno alla sua morte abbia prevalso una pestilenza che ha ucciso molte persone non solo in Egitto, ma anche in tutti i Paesi del Medio Oriente. Questo potrebbe spiegare le numerose morti nella famiglia reale in quel periodo. Poco dopo la morte di Akhenaton, le riforme furono invertite e Amon fu restaurato e reintegrato nel suo tempio.

Con la prima moglie, il re ebbe solo figlie (sei in totale) e, dopo la sua morte, gli succedette il primo Smenchkare (forse lo stesso di Anchchperoere). Sembra che la sua vedova abbia chiesto al re ittita un principe come consorte. Questo principe ittita fu ucciso al confine con l'Egitto. Poi gli Ittiti invasero la Siria settentrionale.

Poi salì al trono il figlio di Akhenaton, Tutankhaton, che, sotto l'influenza del generale Eje di Achmim, sposò la sorellastra Anchesenpaäton, figlia di Akhenaton e Nefertiti. Tutankhaton cambierà presto il suo nome in Tutankhamon, lascerà Akhenaton e riaprirà i templi delle divinità tradizionali. Il tentativo di spezzare il crescente potere dei sacerdoti di Amon sembrava essere fallito.

Dopo la morte inspiegabile di Tutankhamon, gli successe Eje, che sposò Anchesenpaäton (poi Anchesenamon) per rivendicare il trono.

Dopo la morte di Eje, Horemheb salì al potere e ogni riferimento al culto di Aton fu cancellato.

Strutture

- la città di Amarna
- Tempio di Aton
- Tempio di Aton (Karnak)
- Tomba di Akhenaton ad Amarna
- Forse anche Graf DK 55

Nomi

Il re fu incoronato con il nome di Amenhotep IV Nefercheperoere-Oeaenre, nome che fu cambiato in Akhenaton Nefercheperoere-Oeaenre nel quarto anno di regno a causa del culto di Aton. Pertanto, il re aveva anche due serie di titoli regali.

Hu

Hoe (anche: **Hu**, ḥw) *era nella mitologia egizia la personificazione del concetto di "prima parola"*, *la parola dell'atto di creazione, che si dice Atum abbia proclamato quando eiaculò nel suo atto masturbatorio di creazione dell'Enneade. È il concetto di* espressione autorevole *ed è stato quindi fortemente associato a nozioni di potere e controllo.*

Si diceva che Hoe fosse nato da una goccia di sangue proveniente dal fallo del dio del sole e fosse quindi legato al potere della divinità precedente Re. Ma c'era anche un forte legame con il mito della Creazione di Memphis, dove era il dio Ptah a creare l'universo attraverso la sua autorevole parola.

Hoe si trova spesso in connessione con Sia, la personificazione della percezione, della comprensione o della conoscenza, soprattutto nei miti sulla creazione o sul viaggio del sole attraverso gli inferi. L'associazione di Hoe con gli inferi e l'aldilà è piuttosto antica.

Nei testi delle piramidi, il dio appare come compagno del re defunto e i testi ripetono spesso che il re assume l'autorità. Un passaggio afferma esplicitamente che *l'autorità [Hoe] ha chinato il capo davanti a me*, indicando che il re defunto conserva la sua autorità di monarca e ha potere sui poteri dell'aldilà.

Hoe era raramente rappresentato in un'immagine, apparendo solo come divinità antropomorfa in scene che mostravano la corteccia di Re.

Come non deve essere confuso con il dio Heh o Hehoe.

Imhotep

Imhotep (Antico Egizio Jj m ḥtp *jā-im-ḥatāp "*Che viene in pace*", anche **Immutef**, **Im-hotep**, o **Ii-em-Hotep**, Antico Greco *Imuthes* (Ιμυθες)) fu circa 2655-2600 a.C. visir (primo ministro) del faraone Djoser, secondo faraone della terza dinastia dell'Antico Regno nell'antico Egitto. Oltre che visir, fu anche architetto, consigliere del faraone, scrittore di opere mediche e sommo sacerdote di Ptah e Ra.

L'uomo Imhotep

Imhotep è noto soprattutto come visir e "osservatore di opere" del faraone Djoser. Progettò la piramide a gradoni di Djoser. Un gigantesco complesso contenente tutti i tipi di strutture religiose/regali realizzate per la prima volta in pietra. Imhotep nacque in una famiglia della media borghesia, ma si elevò grazie alla sua intelligenza e servì come sommo sacerdote del dio Ptah, tra gli altri. Secondo un mito, creato molto tempo dopo la sua morte, egli sarebbe stato figlio di Ptah da una donna mortale, Chredoe-anch o Kheredu-ankh, che fu poi elevata a semidio perché si diceva fosse figlia di Banebdjedet. Oltre che sacerdote, Imhotep fu anche architetto, scriba e medico e, per questo suo ampio sviluppo, è talvolta considerato il primo genio del mondo (o il primo homo universalis).La tomba di Imhotep non è stata ancora trovata, ma si pensa che la tomba n. 3.518 a Saqqara possa appartenergli.Diverse immagini della sua vita mostrano che Imhotep ottenne il diritto di essere nominato insieme al re, un onore molto alto. Non si sa come Imhotep abbia svolto il suo ruolo di sacerdote.

Imhotep come dio

Imhotep rimase famoso anche dopo la sua morte e la sua fama aumentò anche con il passare dei secoli. Circa duemila anni dopo la sua morte, fu addirittura dichiarato un dio. Si diceva che fosse figlio del dio Ptah. Imhotep divenne il patrono della medicina, della conoscenza superiore e della scrittura. Per la sua conoscenza della medicina, i Greci lo equipararono al dio Asklepios e per la sua conoscenza della scrittura fu associato anche al dio Thoth.

Nelle rappresentazioni, Imhotep è un uomo comune, con un perizoma e la parte superiore del corpo nuda. È raffigurato con la testa rasata o lo zucchetto e porta i segni di un dio (ancora e scettro). È sorprendente la somiglianza con il dio Ptah, che - come unica altra divinità - indossa anche uno zucchetto, oltre all'ancora e allo "scettro di cera".

Tuttavia, a differenza di Imhotep, Ptah è sempre raffigurato come un uomo mummificato e porta il simbolo del djed oltre ai segni già citati.

Sah

Sah era la personificazione della costellazione di Orione nella mitologia egizia. La moglie di Sah era Sopdet, la personificazione di Sirio. Il loro figlio era Sopdu.

Sia la costellazione di Orione che la stella Sirio erano molto importanti nella mitologia egizia. Erano visti come manifestazioni di Osiride e Iside. Per questo motivo, nei testi piramidali dell'Antico Regno, Sah è spesso indicato come *Padre di tutti gli dei*.

Le immagini di Sah sono scarse. Nella maggior parte delle immagini, lo vediamo come un uomo barbuto su una barca a remi fatta di papiro, che naviga tra le stelle del cielo notturno.

Anime di Pe e Nekhen

Le anime di Nechen e Pe sono due divinità egizie che nella mitologia egizia rappresentano l'unità all'inizio dei tempi. Simboleggiano le anime (*Bau*) della città di Pe (Boeto) nel Basso Egitto e della città di Nechen (Hierakonpolis) nell'Alto Egitto. Rappresentano i governanti del periodo proto-dinastico di queste due città e proteggevano il re (morto e vivente). Il Libro egizio dei morti dice alcune cose sugli dei. Per esempio, le anime di Pe si lamentavano per la morte di Osiride e veneravano Horus come nuovo re vivente. Inoltre, le anime dei due regni sarebbero state collegate alle stelle, in modo che il re potesse ascendere ai cieli attraverso una scala cosmica.

Aspetto

Le due divinità sono rappresentate come uno sciacallo (Nechen) e un falco (Pe). Di solito sono identificati dal "saluto di giubilo" (*Henu*) che rivolgono al re. Il saluto di giubilo viene fatto al sorgere del sole o in occasione di altri rituali. Spesso portano anche una corteccia o addirittura il re sulle spalle.

Venerazione

Gli dei non avevano un tempio permanente; erano più che altro una personificazione dell'ascendenza dei re. Hanno anche svolto un ruolo nei rituali di rinnovamento del re. Le anime di Pe e Nechen apparvero per la prima volta nel Medio Regno e poi in massa nelle tombe reali nel Nuovo Regno. Si trovano nel tempio di Horus a Edfu e nella tomba di Ramses I, dove fungono sempre da figure secondarie.

Sfinge

La sfinge è una creatura mitica presente in diverse culture.

Non tutte le culture raffigurano la sfinge nello stesso modo. Per esempio, la sfinge greca è per metà donna (testa) e per metà aquila (corpo), ma in Egitto è più comune la combinazione metà uomo (testa) e metà leone (corpo) (sebbene siano presenti anche le cosiddette *criosfingi*, che hanno la testa di ariete).

Sfinge egiziana

Nell'Antico Egitto la sfinge veniva utilizzata, tra l'altro, come sentinella. L'immagine della sfinge veniva usata per spaventare i nemici. In secondo luogo, la sfinge simboleggiava il "guardiano del sole". Era anche identificato con Horus, il faraone e il sole stesso. Le criosfingi erano associate agli dei Amon e Chnoem.

- Sfinge di Giza
- Sfinge di Memphis
- Dromos (file di sfingi) nel tempio di Luxor e nel tempio di Amon a Karnak
- Dromos al Serapeo di Saqqara

Quattro figli di Horus

I **quattro figli di Horus** sono Amset, Dumautef, Hapy e Kebehsenuf.
Hanno svolto un ruolo importante nel culto della morte dell'Antico Egitto.
Per la sopravvivenza dell'anima, nell'Antico Egitto il corpo doveva essere
in grado di rimanere intatto. Pertanto, dovevano essere in grado di
conservare il corpo. La mummificazione prevedeva la rimozione di alcuni
organi dal corpo del defunto. Questo renderebbe il processo di
decadimento molto più lento.

Erodoto descrive come il lato dell'addome venisse aperto e le interiora
estratte. Non tutte le interiora furono conservate, ma secondo la tradizione
quattro furono infilate in un canopo. Questi quattro erano protetti ciascuno
da un figlio di Horus e da una dea.

Simboli

Ankh

L'ancora (♀, egiziano: ꜥnḫ) spesso scritta come **ankh**, anche: il **segno dell'ancora**, la **croce della vita** o la **croce dell'ancora** è uno dei simboli egizi più noti e rappresenta la vita nella mitologia egizia, anche nel nome di Tutankhamon, *controparte vivente di Amon.*

Ruolo nell'antichità

Nell'antichità, gli egizi portavano l'ancora sulle immagini come segno della loro immortalità, la chiave per la felicità eterna; quando le persone lo indossano, indicano che hanno scambiato questo mondo con l'aldilà. Si pensava che offrisse loro protezione da ogni tipo di pericolo. Il geroglifico in questa forma significa "vita".

Nel periodo di Amarna, l'aton, il disco del sole divino che dà la vita, era raffigurato con molti raggi, ognuno dei quali terminava con una mano. Il trono conservato di Tutankhamon raffigura l'Aton che presenta un'ancora al re e alla regina. La presentazione di un'ancora da parte di una divinità a un faraone era il simbolo del conferimento di energia vitale. L'ancora veniva inoltre sempre tenuta sotto il naso, poiché questa energia veniva impartita con il respiro, come mostrato in diverse immagini.

L'ancora si trova anche nell'impronta del sigillo del re Ezechia di Giuda, scoperto nel dicembre 2015 durante gli scavi nell'area di Ophel, sul lato sud del Monte del Tempio a Gerusalemme.

Nella Chiesa copta egiziana del IV secolo, l'*ancora* era usata come simbolo della vita dopo la morte.

Negli anni '80, il simbolo ha conosciuto una rinascita come gioiello tra i seguaci della sottocultura gothic/new wave.

Djed

Il pilastro **di Djed** o Djed è un simbolo della mitologia egizia. Il simbolo ricorre con il dio Banebdjedet e la città *Per Osiris neb Djedu* (Busiris).

Rappresentazione e significato

Sta diventando sempre più chiaro cosa rappresentasse il simbolo in origine. È un simbolo spesso identificato con il dio Osiride. Poiché Osiride era un re dell'eternità, non sorprende che il simbolo djed significhi permanenza ed eternità. È comunemente inteso come il midollo spinale di Osiride. Per questo motivo può essere definito ermetico. È il sistema nervoso parasimpatico trasfigurato dalla filosofia esoterica che viene attivato.

È stato suggerito che abbia a che fare con gli antichi pastori, gli antenati degli egizi. Un'altra teoria è che il Djed rappresenti l'Albero della Vita con ogni rigonfiamento in cima un mondo che scorre. Si dice che questo simbolo abbia origine da un antico rituale della natura integrato con il dio Chenti-Amentioe all'inizio della religione egizia. Questo dio di Abydos si è poi fuso nel dio Osiride. Osiride era il dio della resurrezione e della fertilità: le sue feste (che si svolgevano intorno alla festa della semina e del raccolto) erano spesso circondate da rituali di fertilità in cui il grano svolgeva un ruolo importante.

Occhio di Horus

L'**Occhio di Ra** è il nome originale dell'**Occhio di Horus**. Nella mitologia dell'Antico Egitto, l'Occhio di Ra simboleggiava il sole femminile (Sechmet), mentre Amon simboleggiava l'aspetto maschile del sole.

L'occhio di Horus è composto da diverse parti e viene chiamato wadjet. Insieme occupano un heqat. Le singole parti dell'occhio rappresentano i sensi: annusare, vedere, pensare, udire, gustare e sentire. La divisione è la seguente:

- 1/64 sensazione di heqat
- 1/32 prove di heqat
- 1/16 heqat sentire
- 1/8 pensiero heqat
- 1/4 heqat vedi
- 1/2 odore di heqat

Simbolismo

L'Occhio di Horus - l'occhio che tutto vede - è un simbolo comunemente visto nei film e nei libri sull'Antico Egitto.

Si dice che il simbolo sul retro della banconota da 1 dollaro, la piramide con un occhio sopra, rappresenti l'Occhio di Horus. I cospirazionisti vedono in questo un riferimento agli Illuminati.

L'album *Eye in the Sky* degli Alan Parsons Project e l'album *Vision Thing* dei Sisters of Mercy hanno l'Occhio di Horus in copertina. L'Occhio di Horus è inoltre un elemento frequente ne *La casa di Anubi* e ricorre nel film Now You See Me.

L'Occhio di Horus è anche usato come amuleto per proteggersi dal malocchio.

Scarabeo

Lo **scarabeo** è un oggetto decorativo dell'Antico Egitto, più comunemente un amuleto o un sigillo, a forma di scarabeo sacro (*Scarabaeus sacer*). Questa creatura, chiamata a sua volta *scarabeo*, è un tipo di scarabeo stercorario. Gli scarabei stercorari raccolgono lo sterco degli erbivori, come cavalli e cammelli, che contiene ancora molte fibre non digerite. Da questa, fanno girare delle palline in cui depongono le uova.

Significato nella mitologia egizia

Lo scarabeo era considerato un animale sacro nella mitologia egizia. Gli Egizi pensavano che gli scarabei emergessero spontaneamente dalle palle di sterco, poiché allora non si sapeva che lo scarabeo depone le uova nello sterco e la larva si impupa e si schiude nella palla di sterco.

Nei geroglifici, l'immagine di uno scarabeo rappresenta le tre consonanti ḫpr (*"cheper"*), che gli egittologi traducono come "sorgere", "creare" o "trasformare".

Lo scarabeo era associato al dio Chepri, il cui nome è composto dalle stesse consonanti. Chepri era il dio del sole nascente, che creava per così dire un nuovo sole ogni giorno. Anche le palle di sterco, prodotte e fatte rotolare dagli scarabei, erano associate al sole, e quindi a Chepri, per via della loro forma rotonda.

In arte

Lo scarabeo compare nell'arte egizia in varie applicazioni:

- Come ornamento al collo
- Come amuleto sul petto o sul cuore di una persona defunta
- Come oggetti commemorativi di eventi importanti di faraoni e regine. Amenhotep III emise un gran numero di carabidi commemorativi
- Ritratto come un dio nella pittura di tombe e templi

Gli scarabei ebbero un ruolo importante anche in aree limitrofe alla sfera d'influenza egizia, come Canaan o Nubia.

Tyet

Tyet è un simbolo della mitologia egizia, appartenente alla dea Iside fin dal Nuovo Regno.

Tyet è molto simile ad Anch, la *croce* egizia *della vita*, tranne per il fatto che entrambe le braccia pendono verso il basso. Ha anche lo stesso significato dell'ancora: qualcosa come "prosperità" o "vita". Forse tyet è un sinonimo di anch. Il segno è stato ritrovato nella sua edizione più antica in un rilievo della III dinastia, ma gli egittologi ritengono che sia molto più antico e sospettano che risalga almeno al periodo proto-dinastico. Nell'antichità, l'amuleto veniva per lo più fuso nei volti di Hathor o di Bat come emblema dei loro status di culto (che diventavano anche il distintivo della kherep-ah, la guardia di palazzo). Il legame con Iside nel Nuovo Regno nasce probabilmente dalle associazioni che il tyet aveva con il Djed, un altro simbolo egizio. Nelle pitture murali, il tyet veniva spesso utilizzato con il Djed da un punto di vista decorativo.

Nell'antico Egitto il Tyet veniva spesso chiamato *Sangue di Iside* o *Nodo di Iside*. Il nome *Sangue di Iside* si riferisce alle proprietà magiche delle mestruazioni di Iside. Il *nodo del* nome *Iside* si riflette principalmente nella forma del simbolo.

Nel Libro egizio dei morti si parla del tyet:

> *Possiedi il tuo sangue, Iside, possiedi il tuo potere, Iside, possiedi la tua magia, Iside. L'amuleto (tyet, ndr) è una protezione per questo Grande, che respingerà chiunque intenti un'azione criminale contro di Lui.*

Uraeus

Il **cobra ureo**, il **simbolo ureo** o uraeus in breve, è il serpente cobra simbolico che adorna molte divinità egizie e i faraoni. Gli antichi egizi chiamavano il serpente **laret**, che significa "Cobra che si solleva". I greci lo chiamavano ouraîos (οὐραῖος) che significa "Sulla sua coda", da cui si è evoluto Ureo.

Mitologia

Il simbolo indica il potere e il dominio sulla fertilità e la prosperità della terra. L'origine del *simbolo* dell'ureo proviene dal Basso Egitto, dove veniva venerata la dea cobra Wadjet. Si dice che sia stato il dio Geb a nominare il faraone che portava il cobra come legittimo sovrano dell'Egitto.

Il cobra eretto difendeva il faraone in battaglia, come Thutmose III nella battaglia di Megiddo (1457 a.C.) e Ramses II nella battaglia di Kadesh (1274 a.C.).

Anche il dio del sole Ra portava l'ureo sul suo disco solare, dove Wadjet distrugge i serpenti del mondo sotterraneo, il regno di Apophis.

Quando Akhenaton (1351-1334 a.C. circa) adorava solo il dio sole Aton, sul disco solare rimase solo l'ureo.

Testi

Libro dei morti

Il **Libro dei Morti** (traduzione letterale: *Il libro del sorgere [o dell'andare] di giorno*) è il nome di una raccolta di testi scritti in particolare su papiro che venivano consegnati con il defunto nella tomba durante il Nuovo Regno, il terzo periodo intermedio e quello tardo. In arabo si chiama "Kitâb al Mawtâ/كتاب الموتى". Era una parte essenziale del culto di Osiride, in cui diventava possibile che non solo il faraone potesse sperare nella vita eterna, ma che questo valesse anche per gli altri giusti. Nel frattempo, si distinguono 192 testi diversi, ognuno dei quali è una sorta di incantesimo magico. Il termine "libro dei morti" è stato introdotto dallo studioso tedesco Lepsius nel 1842, anche se non si tratta di un libro ma di una varietà di rotoli di papiro, testi tombali sulle pareti e sarcofagi. Il Libro dei Morti non può nemmeno essere considerato una sorta di Bibbia per gli Egizi. Nelle tombe sono stati trovati diversi incantesimi separati. Alcuni incantesimi erano uguali in diverse tombe e altri erano unici. Tebe era la città in cui veniva prodotta la maggior parte dei testi. Un rotolo di papiro poteva essere prodotto dagli scribi. In seguito, trascrivevano altri testi esattamente come voleva il cliente. Il prezzo di una pergamena poteva essere elevato, a seconda del livello dello scriba e del numero di incantesimi con immagini che si volevano.

La vita dopo la morte

Gli incantesimi erano spesso accompagnati da una vignetta, una rappresentazione simbolica che riassumeva il contenuto dell'incantesimo. I testi stessi sono una continuazione di testi religiosi più antichi, come i Testi delle Piramidi e i Testi dei Sarcofagi. A differenza dei Testi delle Piramidi, gli incantesimi del Libro dei Morti hanno dei titoli. Lo scopo degli incantesimi era quello di fornire ai morti mezzi di sopravvivenza e protezione dai pericoli dell'aldilà. Costituiscono una sorta di guida turistica per il viaggio nel mondo sotterraneo. Il viaggio attraversa acque pericolose dove compaiono vari mostri. Utilizzando gli incantesimi, i mostri possono essere messi a tacere. Infine, il defunto doveva arrivare alla "sala del giudizio".

Mandato di morte

Il tema centrale è il Giudizio di Morte, a cui ogni defunto è sottoposto, e il viaggio del defunto nell'aldilà. Durante il processo in cui il defunto viene giudicato da 42 giudici, il defunto fa una confessione negativa. In questo modo, elenca tutti i tipi di cose cattive che *non ha fatto* durante la sua vita, negando così i suoi peccati. Il cuore del defunto viene pesato in una bilancia, con il Ma'at (giustizia) nella forma simbolica di una piuma che funge da contrappeso. Se il cuore era ugualmente pesante, cioè non appesantito dal peccato, il defunto veniva ammesso negli inferi con Osiride; se il cuore era appesantito dal peccato, il defunto veniva fatto a pezzi da Ammit.

Conservazione dei testi

Sebbene esistessero già incantesimi sulle pareti di varie tombe, il Rinascimento egiziano del faraone Akhenaton provocò una rapida crescita della raccolta dei diversi incantesimi. Di conseguenza, molti testi furono messi su papiro. Spesso i testi in papiro venivano posati tra gli steli di vento della mummia. A volte erano arrotolati in una statua di Ptah-Sokar-Osiris. I rotoli di Anni sono particolarmente ben conservati grazie a quest'ultimo.

Tomba di Tutankhamon

Nella tomba di Tutankhamon sono stati trovati anche alcuni incantesimi. Erano all'interno del coperchio esterno (teca) della bara.

Libro delle Porte

Il **Libro delle Porte** è un'antica scrittura sacra egizia. Il libro risale al Nuovo Regno e parla dell'anima di un defunto recente, in viaggio verso il cielo o l'*aldilà*. Per raggiungere il paradiso, l'anima deve attraversare diverse fasi: il mondo sotterraneo di notte e una serie di 12 porte separate l'una dall'altra. Ogni porta durante il viaggio si riferisce a una dea, e per attraversarla il defunto deve riconoscere e riconoscere la personalità speciale della dea corrispondente. Secondo il testo, alcuni entreranno trionfanti nelle porte ingiustamente, ma gli altri scompariranno in un mare di fuoco.

Le dee associate alle porte portano titoli diversi e abiti di colore diverso, ma sono tutte identiche tra loro e hanno una stella a cinque punte sopra la testa. La maggior parte di queste dee sono uniche nella mitologia egizia e non compaiono in nessun'altra scrittura. Sulla base di questo fatto, gli egittologi sostengono che il Libro delle Porte sia stato sviluppato per leggere l'ora di notte. Secondo questa teoria, ogni dea rappresenta un'ora diversa.

Le dee nel Libro delle Porte sono in successione:

1. Decapitatore dei nemici di Ra
2. La saggia vigilanza del Signore
3. Coloro che sfondano Ba
4. Uno di grande potenza
5. Colei che è sulla sua barca
6. Leader di successo
7. Chi respinge il serpente
8. La signora della notte
9. Colei che è in ammirazione
10. Chi decapita i ribelli
11. La stella che respinge i ribelli
12. Il testimone di Ra della magnificenza

Le contese di Horus e Seth

La **battaglia di Horus e Seth** è un mito della mitologia egizia che appare in varie forme. Il mito ha un chiaro significato politico perché il suo tema principale è la legittimità della successione al trono. Si tratta di una versione di una fiaba nota anche in diverse culture successive (AT 613, "I due viaggiatori (verità e falsità)").

Il tema centrale è la battaglia per il trono d'Egitto dopo che Seth ha ucciso suo fratello Osiride. La battaglia è tra il legittimo erede al trono, il figlio di Osiride, Horus, e suo zio Seth, che ha preso il trono con la forza.

Papiro Chester Beatty I

Nella versione del papiro Chester Beatty I, la storia inizia con un processo. Dopo la morte di Osiride, che aveva condotto un regno di pace e prosperità, suo fratello e assassino Seth avanza pretese al trono. Tuttavia, grazie alla magia di Iside, Osiride ha ricevuto un figlio e un successore. Gli dei, sotto la presidenza di Ra, devono emettere un giudizio, ma c'è disaccordo. Sebbene Horus sia chiaramente l'erede legittimo, molti dei continuano a favorire Seth. Dopo tutto, Horus è ancora giovane e Seth non sarebbe un re migliore? Dopo tutto, viaggia con Ra nella barca solare e scaccia il suo nemico Apophis. Infine, si chiede consiglio all'antica dea della guerra Neith. Emette un verdetto: Horus appartiene al trono, ma Seth deve essere risarcito. Minaccia addirittura che il cielo cada sull'Egitto se il suo verdetto non verrà eseguito. Ma gli dei non sono d'accordo. Nel battibecco, Ra si offende pesantemente e si allontana con il broncio. Solo quando la figlia Hathor lo rincuora, ritorna. Lei gli mostra le sue parti pubiche, cosa che lo fa ridere di cuore.

Per evitare che Iside interferisca, gli dei spostano il processo su un'isola. Tuttavia, l'amante della magia e dell'astuzia riesce a ingannare il venditore ambulante e, una volta sull'isola, riesce a mettere in fuga il fratello Seth. Si trasforma in una bella donna e cerca conforto in Seth con la storia che un cattivo l'ha derubata e ha buttato fuori di casa suo figlio. Indignato, Seth esprime la sua condanna al cattivo, ma poi gli viene chiarito che ha appena condannato se stesso. Alla fine, Horus riceve il trono.

Tuttavia, il caso continua a trascinarsi e diventa sempre più oscuro. Infine, Seth cerca di decidere con un concorso. Horus e Seth si trasformano entrambi in ippopotamo e si immergono sott'acqua. Chiunque si sposti sulla superficie dell'acqua nei prossimi tre mesi ha perso. Isis non vuole aspettare. Lancia una lancia nell'acqua, ma accidentalmente ferisce Horus con essa. Fortunatamente, è in grado di usare la sua magia per guarire la ferita. La seconda lancia colpisce Seth, ma questa gioca con la sua mente: dopo tutto, è suo fratello. Quando la donna cede alle sue suppliche e rimuove la lancia, Horus viene sopraffatto da una grande rabbia e taglia la testa della madre in preda all'ira. Fugge nelle oasi occidentali con la testa di Iside. Seth lo insegue, in parte per vendicarsi della morte della sorella. Strappa entrambi gli occhi a Horus. Gli occhi sono sepolti e da essi nascono i fiori di loto. Pertanto, il loto è un fiore sacro. Hathor, tuttavia, guarisce le ferite di Horus con il latte di una gazzella. Nel frattempo, Thoth ha anche guarito magicamente Iside dandole una testa di mucca.

Gli dei sono scioccati da come tutto sia sfuggito di mano. Entrambe le parti si richiamano, ma durante un banchetto Seth cerca di umiliare e mettere in disparte Horus violentandolo. Horus, tuttavia, lo supera in astuzia. Riesce a prendere il seme di Seth tra le mani prima che possa entrare nel suo corpo. Fugge dalla madre che gli taglia la mano per liberarsi del seme di Seth nelle paludi. Con i suoi incantesimi, guarisce la ferita. Horus cerca ora di vendicarsi di Seth. Applica il suo seme a un cespo di lattuga, la verdura che piace tanto a Seth. Seth mangia la lattuga e così il seme di Horus penetra nel suo corpo senza essere notato. Tornati in aula, viene chiesto al seme di entrambe le divinità di testimoniare. Invece del seme di Seth in Horus, il seme di Horus risponde sotto forma di un disco solare dorato dalla sommità della testa di Seth. Dopo tutto, il seme di Horus era di origine divina. Horus ha vinto di nuovo.

Seth si infuria e sfida Horus a una gara di barche. Per rendere le cose interessanti, insiste nell'utilizzare barche di pietra. Horus dipinge una barca di legno in modo che sembri di pietra. La barca di Seth è di pietra e affonda, ma lui si trasforma rapidamente in un terribile ippopotamo che attacca la barca di Horus.

Ora gli dei ne hanno abbastanza. Anche Osiride, il dio dei morti, invia un messaggio e gli dei decidono finalmente che Horus sarà il nuovo re. Tuttavia, Seth rimane un dio importante, molto apprezzato dal dio del sole. Con il tuono che provoca nel cielo, scaccia ogni tipo di nemico malvagio.

Varianti

In un'altra versione della storia, Seth e Horus si trasformano in animali di ogni tipo che combattono tra loro. Quando Seth si trasforma in un grande ippopotamo rosso, viene ucciso a Elefantina. Le acque del Nilo, nel profondo sud, sono ancora agitate per il grande scontro. Horus lo uccide con una lancia e Iside fa a pezzi il suo cadavere e lo dà in pasto a gatti e vermi. Così accadrà a chiunque osi violare il sacro trono dell'Alto e del Basso Egitto.

Lightning Source UK Ltd.
Milton Keynes UK
UKHW020738050123
414875UK00015B/801